# Rosario, La Mexicana

Aguilera Mendoza, Rosario
  Rosario, la Mexicana / Rosario Aguilera Mendoza; edición literaria a cargo
de Luis Videla. - 1ª ed. - Buenos Aires: Deauno.com, 2009.
  100 p.; 21x15 cm.

  ISBN 978-987-1581-25-2

  1. Autobiografía. I. Videla, Luis, ed. lit. II. Título
  CDD 920

contacto@elaleph.com
http://www.elaleph.com

*Para comunicarse con la autora:* rosarioram13@yahoo.com

Primera edición

ISBN 978-987-1581-25-2

Hecho el depósito que marca la Ley 11.723

Impreso en el mes de agosto de 2009 en
Docuprint S.A.,
Buenos Aires, Argentina.

# Rosario Aguilera Mendoza

# Rosario, La Mexicana

*deauno.com*

*Dedico este libro a mi esposo
Hugo García Arambula,
por haberle dado alas a mi corazón,
fuerza a mi espíritu, y enseñarme
que, con sentimientos y voluntad,
es posible logra hacer realidad
todo aquello que nos proponemos.*

*A mi hijo Hugo García
que fue la gran motivación
para juntar fuerzas
y conseguir la sabiduría,
que necesité para
salir adelante con mi vida.*

# Una parte de vida

## La vida que vivimos y con la que soñamos los mexicanos

Es característica distintiva de un mexicano y de una mexicana soñar y dejar volar la mente y la imaginación hasta alcanzar límites insospechados. Percibir el aire que respiramos, oler la fragancia de la mañana, regocijarnos con el simple hecho de estar vivos cuando comienza el día. En ocasiones materializamos estos sueños y anhelos, los alcanzamos hasta casi sentir que podemos tocarlos, que los tenemos en nuestras manos. Pero un mexicano, aunque esté tan alto el sueño que parezca casi inalcanzable, lucha. Si no lo logra en la primera oportunidad, vuelve a intentarlo nuevamente. Un mexicano nunca se deja vencer, no claudica ante las dificultades porque tiene hambre de sueños, de lucha y de sentir la adrenalina en su cuerpo. Así de fuerte y poderosa es esa energía que llevamos dentro de nosotros, tanto como el deseo de obtener lo que soñamos.

Esa adrenalina que nos corre por dentro, nos da una fuerza sobrehumana –que muy pocos tienen–, como quienes pertenecen a nuestra querida tierra mexicana. Nacimos para luchar y pelear con sacrificio, con los puños y el corazón. Es una batalla que la llevamos en la sangre y en el alma. Tenemos el valioso y admirable coraje para luchar y sacrificarnos por lo que consideramos justo, ya que nos sabemos poseedores de un incalculable valor y un corazón grande.

Para los mexicanos, la humillación que acompaña la derrota, puede significar que todo ese esfuerzo y ahínco puesto en la lucha y la fuerza que cada uno tiene y lleva por dentro, es arrancada y pisoteada, pero esto no nos quita la esperanza y las fuerzas para continuar. Sentimos el coraje por dentro de nuestro cuerpo, corriendo por nuestras venas y percibimos cómo hierve la sangre.

Para un mexicano no existe la derrota porque lucha y trabaja en pos de lo que anhela y de ese modo se demuestra a sí mismo que no existe el fracaso. Somos tan alegres y animados de espíritu que nunca dejamos de demostrarlo en nuestros actos.

¡Es tan bonito sentir que se logra algo que se esperaba! Que el corazón late más rápido ante la alegría y la satisfacción de lo ya realizado.

El mexicano da la vida por su familia y por la tierra que toca con sus manos. No permite que otro venga y la toque sin pedir permiso, porque sólo es de él, porque la siembra con la fuerza de su corazón y el sudor de su frente. Para un mexicano su tierra significa la vida, el poder y el tesón del esfuerzo, que conlleva sembrar y cosechar ese maíz para llevarlo luego a su familia, depositarlo sobre la mesa en el hogar, y disfrutar así de tanta lucha y sacrificio, que en lo profundo trae la gratificación invalorable de dar la vida por su tierra querida.

Cuando nos aferramos a un sueño inexistente que, sabemos, es sólo un sueño –por lo lejano e inalcanzable que resulta hacerlo realidad–, sentimos la emoción de enfrentar el desafío, la dificultad y el riesgo. ¡Es tan gratificante desafiar los grandes sueños que tenemos a lo largo de la vida! Por eso, no desaprovechamos la oportunidad de materializar esos deseos que, por momentos, resultan imposibles y que llegan a nosotros para ponernos a prueba.

Tenemos la virtud de disfrutar de todo aquello que hacemos con el corazón: al saborear nuestras comidas típicas tan deliciosas, aquellos ricos platillos, esas tortillas caseras que la gran mexicana amasa con sus manos. Y digo con el corazón, por el orgullo que se siente al hacerlo, al preparar una comida tan nuestra.

Al tener esos paisajes tan hermosos ante nuestros ojos, tenemos la sensación de que nos invade una vibración por todo nuestro ser, sentimos posesión, que todo nuestro México nos pertenece, que estamos orgullosos de tener un país tan bello y una bandera mexicana para todos los que nacieron y habitan nuestra tierra, para todos los que jamás se avergüenzan de tal condición y se identifican con sus colores y sus costumbres donde quiera que estén.

El Gran Mexicano aúna sus esfuerzos y se mantiene junto a los suyos, siempre. Busca la unión con los demás en la lucha, con la ambición de poder ganar y llegar a la meta todos juntos, sin importar a que pueblo o región pertenezca, sólo que sea un Gran Mexicano en el alma y el corazón, porque de este modo, el triunfo se hace inminente.

No sé por qué razón nos discriminan. Donde quiera que vayamos nos sentimos excluidos y mal vistos. Creo que la explicación es que cuando los extranjeros ven a un mexicano de soneto, bandido, y traicionero, generalizan pensando que todos los demás pertenecen al mismo estrato social, que todos son de lo peor, y a causa de esa errónea creencia, nos tratan mal y nos humillan sin motivo aparente. Sin embargo, en su interior un mexicano no se deja humillar y actúa demostrando su valor como persona nacida en la tierra que tanto ama y defiende.

Cuando aquel hombre es un Gran Mexicano, honesto, orgulloso de sí mismo y además trabajador, que se gana el dinero con el sudor de su trabajo y su esfuerzo personal, que le cuesta todo aquello que consigue como pago y gasta para comer, entonces se siente capaz de demostrarle a los demás –a todos aquellos que sin conocerlo lo apuntan con el dedo–, que él es un Gran Mexicano, con la capacidad de soñar, de materializar sus anhelos, que se siente seguro de sí mismo y que abriga ese sentimiento tan genuino nada ni nadie se lo puede quitar.

Están aquellos que, cuando ven a un mexicano, identificándolo por su aspecto, sus características visibles, llegan a confundirse, porque no pueden distinguir a un mexicano corriente del *Gran Mexicano*.

El mexicano corriente se identifica fácilmente. Para aquellos que lo conocen, tiene como gran defecto ser mujeriego, machista y mantenido por la mujer. Aunque ellos se sientan privilegiados, no les gusta trabajar y son capaces de robarle al prójimo. Éste es el perfil básico de un mexicano, que todos creen reconocer al cruzarse con uno de ellos.

Pero cuando aprenden a distinguir, se dan cuenta el valor del verdadero Gran Mexicano, que es dueño de un corazón noble, cariñoso y bondadoso. Que tiene vocación por el trabajo, que protege y defiende a su familia y a sus afectos a capa y espada, y que tiene la admirable capacidad de dar la mano al prójimo cuando éste la necesita. Entonces se percibe que son los hombres que luchan y sufren por alcanzar ese sueño que tanto desean, de llegar a su país, de luchar hasta el último día con valentía y de sentir la satisfacción de sentir sus deseos realizados.

La vida que se nos ha dado ha sido para vivirla sólo una vez. Y sólo tenemos una sola oportunidad de materializar un sueño, hacer realidad un deseo que buscamos alcanzar. Una sola vez en la vida, digo, porque creo que los deseos y los anhelos pueden cumplirse y hacerse realidad, pero en un tiempo acotado.

# Tristeza y soledad

Cuando te vas de la patria que te vio nacer y dejas a tu familia, sientes que estás dejando allí una parte de ti porque en realidad no te vas, te quedas. Tu cuerpo puede estar lejos, pero es tu corazón el que queda arraigado en ese sitio amado. Pero Tu sueño te impulsa, te empuja tan fuerte que no puedes controlarlo y finalmente te dejas llevar por él, sin antes pensar y sentir el dolor de lo que significa dejar a los padres, esposa, e hijos. ¡Es tan duro saber que se van a quedar solos, que no estarás con ellos! Es tan difícil dejar todo por un sueño, que el Gran Mexicano por momentos se siente sólo ante el sacrificio y el sufrimiento más grande: el de dejar a su familia, y luego el de dejar a su país atrás. Su corazón se empequeñece ante tanto dolor, y le duele el alma al pensar que algún día volverá –sin saber exactamente cuándo–, a ver a sus padres vivos y a su familia después de más o menos tiempo. Pero el destino de un Gran Mexicano, es luchar por los suyos.

Lucha tanto y se sacrifica a tal punto por lo que quiere, porque sabe que dejó esposa e hijos y él, desde la distancia, tiene que trabajar para ellos, para que no les falte lo necesario: el alimento, la ropa, y un techo para vivir. El Gran Mexicano no sólo responde por su familia, sino que al mismo tiempo debe hacerse responsable de sí mismo. Cuando llega a un país grande y no sabe cómo empezar a trabajar, se siente perdido y desorientado. ¡Todo es tan distinto! Los empleos son tan diferentes a los de su país de origen que no sabe por dónde empezar. Pero merced a su férrea voluntad, se las ingenia para aprender y desempeñarse, tanto que si le preguntan si sabe hacer tal o cual cosa, él contesta sin pensarlo dos veces que sí. Y es tan listo e inteligente que con sólo observar, aprende. Incorpora los conocimientos necesarios con rapidez. No precisa entrenamiento profesional, ya que al haber experimentado el hambre y la necesidad, aprende fácilmente acicateado por la necesidad de ganarse el pan de cada día. El Gran Mexicano descubre que la vida no es fácil, que no es sencillo llegar a un país extraño que no es nuestro México, pero no hay otra solución, ya que nuestro México, no nos proporciona las oportunidades para trabajar y vivir con dignidad.

# EL SUEÑO AMERICANO

## CUANDO UN PADRE SE TRAE A UN HIJO
## AL SUEÑO AMERICANO

Es un privilegio tener cerca de nuestros hijos. Abrazarlos, platicar con ellos, darles mucho amor, y brindarles la certeza que en todo el tiempo que no estuvimos cerca de ellos, no dejamos de quererlos y que los llevamos siempre en el corazón y en la memoria.

Que sepan que nunca los abandonamos, que nuestra partida fue por necesidad, para tener un trabajo digno para ellos, para no permitir que pasen hambre. Nos sentimos orgullos como padres y, a la vez, deshechos por la separación y la ausencia. Pero nos sobreponemos, porque nos guía el anhelo de que, cuando alcancemos el éxito, los traeremos a participar del sueño americano. ¡Es una bendición ser padres!

Cuando un hijo te ama de igual manera y te responde a los gestos con amor, duele aún más porque sientes que a veces pierdes a tus hijos porque el tiempo que va pasando y están muy lejos. No sabes qué va a ocurrir en el futuro.

Como padres, hacemos tanto sacrificio por un hijo que trabajamos día y noche para darles sustento, seguridad y educación.

Cuando el tiempo va pasando, el niño comienza a asistir a la escuela y conoce la vida americana, se va adaptando poco a poco. Ellos van conociendo todo lo que es grato, que le están enseñando otro idioma diferente al suyo, que aprende cosas nuevas. Para el niño resulta extraño, pero le gusta. Conoce amigos nuevos, lugares desconocidos, prueba comidas diferentes y vive nuevas experiencias. Percibe, desde su corta edad, que la vida que él conoció, era muy diferente a la que puede disfrutar.

Al niño tratamos de darle todo, y de comprarle todo lo que nos pide, de acuerdo a nuestras posibilidades. ¿Por qué? Porque como padres nos damos cuenta que nosotros no tuvimos lo mismo ni se nos ofrecieron las mismas posibilidades. Nadie nos dio, cuando fuimos niños, todo aquello que, de grandes queremos ofrecerle a nuestros hijos. Y a veces nos extralimitamos. Los padres a veces somos tan ignorantes, que en nuestro afán por verlos felices no advertimos cuánto daño les hacemos en nuestro anhelo de darles todo. Y es que muchas veces, queremos competir con los demás.

Y así el niño se va educando con las costumbres abiertas y se habitúa a creer que el padre le va dar todo lo que él pida, porque sabe que ya no está solo, tiene a muchas personas a su alrededor. Y así se va adaptando y acostumbrando a pensar que la vida es fácil.

Que es un sueño bonito en el cual no tienen cabida los problemas, ni la infelicidad ni la desdicha.

## Cuando llega a la adolescencia

Cuando ya son jóvenes adolescentes la situación cambia totalmente para ellos y para los padres. Como el joven no puede darse cuenta cuánto se sacrificaron sus padres para trabajar y salir adelante, y como él ya tiene otra educación diferente y habla otro idioma con sus amigos y pares, se siente americano. Él cree que es un americano y no un mexicano latino, porque el joven ya no quiere hablar su idioma de origen, y se olvida de adónde vino, de cuáles son sus orígenes y sus raíces. Se avergüenza de ser mexicano y latino. Los muchachos y las jovencitas ya no quieren regresar al país que le vio nacer. Se olvidan de su tierra y ni siquiera tienen en cuenta a su bandera mexicana.

Es muy triste para las familias que educamos así a nuestros hijos mexicanos, ver el resultado que conseguimos cuando lo traemos a ser partícipes de este sueño americano. Nosotros somos responsables como padres de no inculcarles nuestra cultura, no les hablarles de nuestra tierra, de nuestra bandera, de nuestros héroes mexicanos, de cómo lucharon por nuestra patria y cómo murieron por nuestro México y por su honor. Porque como mexicanos que somos, tenemos el derecho y la obligación de hablarles a nuestros hijos de su patria y su idioma, para que nunca la olviden, porque llevan en la sangre nuestras raíces. Tenemos que sentirnos orgullosos del sitio de donde provenimos.

A veces, a nosotros mismos, los padres, se nos olvidan nuestros orígenes cuando vivimos en este país tan deslumbrante, este país americano, en el cual nuestros hijos crecen con un pensamiento diferente, más abierto y despierto.

Cuando el joven ve a un mexicano que no sabe el idioma nacional, empieza a insultarlo y a despreciarlo. Ellos creen tener el derecho de hacerlo, pero no es así, debemos darle más atención a ese joven porque vivimos tiempos de avances tecnológicos vertiginosos. La tecnología es importante para la educación de nuestros jóvenes, pero también puede ser contraproducente. Como padres, tenemos que tener el conocimiento suficiente como para estar ahí con ellos y guiarlos. Cada día deberíamos sentarnos con nuestros hijos para recordarles que porque vivimos y trabajamos en este país, le debemos el respeto a los demás, sin importar el origen, la raza, el color o la condición. Tenemos que enseñarles a extender la mano solidaria a nuestro prójimo, para que cuando ellos tengan sus propios hijos, les den la misma educación, le enseñen el mismo respeto por el otro, le inculquen los mismos valores y les hagan saber de dónde son sus abuelos, para que esos niños no se avergüencen de sus orígenes y puedan así sentirse orgullosos de ser mexicanos.

## SÓLO LO DISFRUTA EL MEXICANO

El Gran Mexicano aprende muy rápido, sus manos parecen de acero y su cuerpo es tan fuerte, que no le importa cuantas libras cargue en su espalda, él es feliz teniendo trabajo, que es la principal necesidad del Gran Mexicano. Nos sentimos tristes por nuestro México, que no se da cuenta que lo necesitamos tanto, que lo añoramos y que a causa de las carencias tuvimos que alejarnos de nuestros padres e hijos pequeños, y sin poder verlos a medida que crecen y se convierten en hombres y mujeres. Nos perdemos tanto del progreso de nuestros hijos, que sentimos que nos arrancan el corazón a pedazos, ya que no podemos vivir los momentos más importantes junto a ellos. Como el sueño de acompañar a una hija cuando cumple sus primeros quince años, que ella te pida que vayas y la mires, que bailes ese vals con ella en esa noche única... En esos momentos se siente que la vida se te va, que el tiempo perdido no se recupera, que nunca la vas a poder alcanzar... Es tan difícil controlar tantas emociones juntas cuando escuchas la voz de tus hijos que te piden a cada momento que regreses con ellos, que regreses al hogar. Para el Gran Mexicano resulta muy duro decirles "Pronto estaré con ustedes, hijos míos", sabiendo que no es verdad, que el tiempo pasa y que la agonía es cada vez más fuerte. Pero un Gran Mexicano es capaz de superar ese sufrimiento y compensarlo con todo el amor que le tiene a su familia.

Cuando ese padre mira una foto y lee esas cartas que le escriben sus hijos y su esposa, se siente reconfortado y se llena su corazón de felicidad y de nostalgia al mismo tiempo, porque sabe y reconoce en los gestos, que sus hijos y esposa lo aman y lo extrañan tanto que aguardan su regreso con ansiedad.

A pesar de que es grande la confianza de la familia en ese hombre que se encuentra tan lejano, hay veces que no se puede evitar padecer la desesperación acompañada de un sentimiento de soledad y desamparo ante la ausencia del hombre de la casa, del ser masculino capaz de proporcionarles el amor paternal y la protección necesaria. Hay momentos en los que la familia se descontrola porque sabe que no se encuentra ese padre, que está muy lejos, abandonado y sólo, luchando y trabajando duro para que cada dólar que envía –y que tan difícil resulta conseguir–, sea útil a su familia, para que no les falte nada, ni una casa digna donde vivir, ni un plato de comida ni la educación. Él vive y trabaja sólo para sus hijos, esposa y padres. Se siente orgulloso, y lo gratifica el hecho de que cada vez que habla con su familia, le hacen sentir que está junto a ellos, en su México, y que jamás se ha ido de allí.

Cada vez que el Gran Mexicano habla con su esposa, y ella le dice que su hijo necesita comprar diversas cosas o que se encuentra enfermo, se esfuerza más. La cruda realidad es que a veces mandamos tanto dinero para que no les falte nada a nuestras familias, que todo ese sacrificio es por ellos y para ellos, y en ocasiones la familia no se da cuenta que cada peso que gasta, es el producto de todo un día de trabajo agotador y mal pago. Que hay veces que no se queda sin comer para mandarles todo, y ellos imaginan que el dinero se gana fácil sólo por el hecho de estar radicado en ese "país de los sueños".

Estamos tan ciegos de amor por la familia, que pensamos que ellos nos devuelven ese sentimiento de igual manera, pero con el paso del tiempo, poco a poco nos damos cuenta que a veces ellos, para obtener dinero y sacar provecho, te dicen tantas mentiras, que ya no sabes qué hacer, pero te preocupas tanto que en esos momentos en que no tienes dinero para mandar lo que te piden, te duele descubrir que no sienten la tristeza profunda que causa saber que de tan lejos no puedes hacer nada. Es desesperación y un dolor muy fuerte el que se experimenta, al descubrir que tu familia se aprovecha de la situación, sin importarle nada.

Para un Gran Mexicano, la mentira es imperdonable porque provoca humillación y, al mismo tiempo, la desilusión de descubrir que todo ese sacrificio por la propia familia es en vano y no reconocido. Es muy duro comprobar que tus hijos te quieren nada más cuando envías dinero y que si no consigues mandarlo te odian y no quieren ni siquiera hablar contigo. Es tan triste la situación que por momentos sentimos que perdemos el amor de nuestros seres queridos.

Cuando el Gran Mexicano tiene el amor de su mujer y una sólida confianza en ella, se puede considerar que se ha conseguido lo más maravilloso de una pareja, ya que aprendieron a amarse y respetarse a la distancia, porque ella sabe que debe ser responsable y cuidar de sus hijos y de la casa, esperando hasta que él regrese.

La traición, para un Gran Mexicano, es inadmisible, porque es como si todo ese amor que tanto sentía por su pareja, se volviera odio y rencor al enterarse que la mujer que tanto ama no lo esperó, no supo ser paciente y lo defraudó. Que todo el trabajo y el esfuerzo, de tanta nostalgia y soledad vivida, y de la esperanza que él algún día volvería a su tierra que lo vio nacer, no sirvieron para nada. Ante esto, a ese Gran Mexicano les es difícil creer y sentir que algún día tuvo familia e hijos. Sólo le queda una profunda tristeza y el arrepentimiento de haber dejado a su México y a su familia. Es entonces cuando lloramos de tristeza, porque nuestro México sabe que dejamos nuestras familias por hambre, y que perdemos nuestras vidas por perseguir ese sueño que tanto deseamos alcanzar y, sin embargo, sentimos que lo dimos todo por nada.

La distancia nos fortalece y nos hace valorar un poco más nuestras vidas y nuestros sacrificios diarios, aunque nos sentimos despedazados al enterarnos, por ejemplo, que falleció un miembro de la familia. O cuando se recibe un llamado que trae una mala noticia... En esos momentos uno quisiera poder remontar vuelo y llegar a su tierra en ese momento de desesperación y dolor, para dar y al mismo tiempo recibir consuelo. Pero no es posible, uno se siente atado de pies y manos. Nada puede hacerse. Así son las cosas y tenemos que aguantarnos hasta que llegue el instante en que alguien valore lo que uno hace y sienta en carne propia todo ese gran dolor. Tenemos que tener fe de que algún día Nuestro México pertenecerá al Gran Mexicano, y podremos vivir en él. Pero por el momento nos sentimos tan lejos y tan tristes, porque en nuestra propia tierra no nos toman en cuenta como lo que somos. Así y todo añoramos volvemos a nuestra patria.

Así seguimos, día tras día, enfrentando la decepción, sobreponiéndonos a la nostalgia, pasando la Navidad solos, sin poder estar presentes en el día del cumpleaños de un ser querido. Y nosotros tan lejos...

Cada día que vemos salir el Sol y que hacemos realidad uno de nuestros sueños, por pequeño que sea, nos sentimos plenos y felices y atesoramos ese recuerdo en nuestro corazón.

Un Gran Mexicano nunca deja de ser un guerrero y un soñador, y cuando ve que lo señalan con el dedo no se siente discriminado, sino admirado. Orgulloso de su linaje y sus orígenes.

Me siento orgullosa de ser una Gran Mexicana, de estirpe y por condición.

# LA DISCRIMINACIÓN

## A LOS MEXICANOS, LOS "PERFECTOS" NOS LLAMAN IMPERFECTOS

Ahora el mundo entero se pone alerta cuando ve a un mexicano. Si hasta hace poco nos miraban y por poco nos escupían. Ahora con el gran virus que nos hizo famosos, nos enfermamos de tanta discriminación, que puede ser peor que un virus de gripe.

Como mexicana que soy me entristece y me duele ver cómo ensucian nuestro nombre acusándonos de cochinos y puercos. Mi dignidad me ayuda a no darme por aludida y no sentirme afectada. Más bien creo que quienes así hablan, le faltan el respeto al pobre cerdo, que no puede contestar porque no habla. Y creo que peores son aquellos que, mostrando una absoluta falta de educación y de ética, están muy lejos de llegar a ser como los verdaderos mexicanos.

La verdad es que todavía me pregunto cómo empezó tanta mentira y maldad contra los mexicanos. ¿Será quizás porque somos más inteligentes, que otras tantas personas? ¿Será que su ignorancia hace que le tengan miedo a una gripe, teniendo a su alcance –como tienen–, todos los recursos de la ciencia moderna? Es tanto el miedo que hemos generado en el exterior que los mismos que nos acusan y pretenden denigrarnos –al no tener a quien culpar por sus enfermedades–, prefieren endilgarnos la responsabilidad de esa pandemia.

Su insensatez y hasta quizás la envidia que los corroe al ver que los mexicanos somos fuertes y vigorosos, es lo que los lleva a levantar el dedo acusador. Por eso en estos tiempos, si un mexicano tiene que viajar por el motivo que sea, es muy mal recibido en cualquier sitio. No quieren tenernos cerca porque creen que pueden contagiarse por el sólo hecho de mirarnos o tenernos cerca.

Considero que como seres humanos que somos, nos merecemos que se nos respete y se nos trate bien. Sería bueno poder encontrar otros seres humanos que nos tiendan una mano y no que salgan corriendo espantados, sino que se acerquen para ayudar a su prójimo, al hermano necesitado. Pero el panorama real es muy distinto: lo que te dan es una bofetada y si le ofreces la otra mejilla te la abofetean con gusto nuevamente.

A veces nosotros somos tan orgullosos, que sabemos que la propia gente mexicana está siendo discriminada, y así y todo, nos aguantamos los prejuicios y la burla de todos aquellos enfermos de poder. Creo que, de alguna manera, logran que nos discriminemos a nosotros mismos, y ellos saben que pueden conseguirlo y usan ese poder.

A los mexicanos con poder, no les interesa discriminar a sus semejantes, a sus compatriotas, que hablen mal de su gente, que la traten como si fuesen animales y que los pisoteen y les pasen por encima como a se les antoje. ¡Es tan triste saber que tu propia gente permite todo esto!

Es una vergüenza padecer tanta injusticia en nuestro propio país por culpa de nuestros "poderosos" y saber que nuestra reputación está por el suelo a los ojos otros países y en comparación con ellos. Es cruel ver cómo nos pisotean y que nadie hace nada para revertirlo. Nos da la sensación de que para nosotros no hay ni justicia, sólo las humillaciones que vivimos a diario dondequiera que vayamos. Nos damos cuenta que ya no quieren platicar con nosotros, menos aún tocarnos. Que quieren mantenernos lo más lejos posible y que esta actitud no es sólo una medida para protegerse del virus de la Gripe Porcina. El sólo saber que somos mexicanos, parece producir terror en la gente. Qué desilusión tan grande es sentir esta exclusión, esta falta de respeto y toda la humillación a las que nos someten por el sólo hecho de ser mexicanos.

Como mexicana que soy, creo que a nuestro querido México le hace falta ser más fuerte y decidido, tener muchas más agallas para hacerle frente a esta situación. México estaba más débil antes que ahora, que nos promocionaron, que hicieron saber al mundo entero que somos los portadores del virus de la gripe. Me he dado cuenta que, aunque exista el famoso virus, la realidad es que esto no es más que una prueba que Dios, nuestro Señor, nos envía, para que estemos alerta y sepamos que tenemos poco tiempo para que todos nos arrepintamos de todo el daño que hemos hecho y hacemos en la tierra, para que reflexionemos que nos estamos destruyendo nosotros mismos de tanto odio, tanta envidia y tanta discriminación.

Por esto me siento triste, pero al mismo tiempo fuerte. Porque es sabido que un Gran Mexicano no se deja vencer por una gripe, ni por los obstáculos del camino. Al contrario, nos fortalecemos como un roble y seguimos adelante para luchar nuevamente contra los que mueren de miedo sin razón, los que critican y los que, con absoluta falta de consideración, hasta te escupen.

Un Gran Mexicano ignora a todo aquél que lo apunta con el dedo, no acepta tan fácil la derrota y hace caso omiso a las críticas y a los comentarios de prejuiciosos que inventan acerca de él. Yo quisiera saber quién es más ignorante ante ciertas situaciones de la vida. Quisiera ver si los que nos atacan y rechazan son capaces de actuar como nosotros, que si alguien nos pide ayuda sea del origen que sea y provenga del país que provenga, no lo pensamos dos veces y le tendemos la mano, sin esperar nada a cambio.

A nuestro México le hace falta la fuerza de voluntad y la lealtad para el pueblo y su gente. Necesita tener como guías a verdaderos hombres, humildes de espíritu, generosos de corazón y dueños de un claro sentido de justicia para con sus semejantes.

Cómo quisiera que estuvieran aquí aquellos grandes héroes de nuestra patria, que lucharon sin dejarse vencer, que no arredraban ante las dificultades, que defendían con valentía a su pueblo y a su gente, que nunca hicieron victima a nadie de la discriminación y honraron a la bandera de su país y a su querido pueblo. Desearía que estuvieran porque ellos eran guerreros leales, que no conocieron el odio, la venganza, la mentira, la falsedad ni la crueldad que ahora padecemos en nuestro México.

Vivimos en la mentira, somos victimas de falsas promesas que no llegan a cumplirse, y los poderosos creen que nos engañan fácil, porque, inmersos como estamos en la cruda realidad cotidiana, no nos damos cuenta y creen que somos sus marionetas. Ellos deben saber que no somos títeres de nadie. Que podrán creer que nos han doblegado, pero se están mintiendo.

El Gran Mexicano, aprende a valerse por sí mismo, a sacar toda su valentía, fuerza y coraje para luchar por su gente, su tierra y su bandera. Saca las garras con el sólo objetivo de defender lo querido y ver ese paño de colores flameando en lo alto.

México no nació para espejismos ni para mitos que unos pocos inventan con la finalidad de sacar provecho de nuestro pueblo. No merecemos que traten de engañarnos con tantas historias que, sabemos, no existen y sólo son parte de la ficción que quieren hacernos creer. Nuestro país nació para ser estar en la historia de los pueblos y las naciones y distinguirse por la hidalguía, la nobleza y la generosidad de sus grandes y verdaderos héroes.

Porque tenemos presente que la historia verdadera no se olvida, aunque traten de disfrazarla y que, todavía, llevamos el coraje de nuestros ancestros y corre por nuestras venas y hace latir nuestro corazón la sangre de aquellos guerreros que fueron capaces de dar la vida por su tierra y que seguirán vivos siempre en la memoria y en el corazón de cada Gran Mexicano.

# Rosario, La Mexicana

Soy una mexicana, como todo habitante de mi querida patria, y como tal, tengo sueños en la vida. He pasado de todo: tristezas, sufrimiento y hambre, como todos los que nos vemos obligados a viajar tan lejos para buscar una vida mejor para nuestras familias.

Dejamos todo por un sueño americano y en pos de nuestras metas y anhelos, nos demostramos a nosotros mismos que somos fuertes, trabajadores, que tenemos ilusiones y que nos sentimos seguros de nuestras capacidades y habilidades. La seguridad de ser mexicano es tan fuerte como nuestra sangre.

Llevamos dentro de nosotros, en un rincón del corazón, la memoria de nuestra cultura, de nuestra tierra, de nuestros orígenes y lo que abandonamos y dejamos atrás, en la búsqueda de un futuro.

A pesar de la distancia, sentimos y soñamos que estamos en nuestro México y pese que al despertar de nuestro sueño, descubrimos la realidad y nos sentimos solos, seguimos adelante, sobreponiéndonos a la tristeza que sobreviene cada vez que recordamos a nuestros seres queridos, a nuestra casa y a nuestra patria.

La ilusión es la que nos sostiene y nos fortalece, de tal manera que no nos importa soportar el sufrimiento, porque sabemos que lo estamos haciendo por nuestro México y nuestras familias.

Así somos los mexicanos aunque algunos, cuando llegan a este país americano, sienten que ya lo tienen todo, que el mundo es suyo y olvidan sus raíces y a su gente. Se dejan engañar por el éxito y llegan a explotar a sus compatriotas, sacando provecho de ellos, creyéndose en el derecho de hacerlo porque ellos aún no alcanzaron la cima.

Se olvidan que, como casi todos, llegamos a esta nación grande y poderosa como ilegales, que somos iguales y que todos vinimos a trabajar duro y a luchar contra el infortunio para darnos y darles a los nuestros una vida mejor. Esos, que reniegan de su tierra y se aprovechan de sus hermanos, han olvidado que si para algo sirve el éxito, es para darle una mano a quien lo necesita.


Yo, *Rosario, La Mexicana*, me siento orgullosa de mi condición, porque llegué sola a este país, sin nada, trayendo sólo la esperanza de una vida más digna, con fe y guiada por mi Dios, creyendo que si trabajaba duro, si me esforzaba, nada me iba a faltar.

Era una mujer joven y sin experiencia, que pensaba que lo iba a tener todo rápido y sin tanto esfuerzo. Soñaba con mi propia casa, un plato de comida para cada día y el dinero disponible para ayudar a los míos. Pero muy pronto me di cuenta que no era así. Que nada era tan fácil. Mis ilusiones empezaron a desvanecerse cuando me di cuenta que estaba en un país que no era mío, que todo lo que me rodeaba era extraño y hasta engañoso. Que era mentira creer que los dólares se ganaban fácil.

Entonces me sentí frustrada y fracasada como persona y como mujer. A pesar de esto, mi anhelo era tanto y tan grande que lloré, pasé hambre y frío, privaciones de todo tipo e injusticias, pero no me di por vencida. Por fortuna Dios, que siempre está con nosotros, no me abandonó en ese momento tan difícil, cuando me había ganado el desconsuelo y estaba a punto de claudicar.

Cuando me acuerdo de mi México, mi tierra amada, siento que crece en mí la fuerza para luchar porque sé que la vida a menudo nos da grandes sorpresas. A veces me siento como un pájaro en una jaula de oro. No tengo la libertad que siento en mi patria, pero me siento tan fuerte que me resigno a lo que me tocó vivir, y así puedo seguir soportando la tristeza y las constantes humillaciones que significa el trato y la explotación a que nos someten quienes que nos discriminan sólo porque el de ellos es su país y no el nuestro.

No pierdo la fe de que algún maravilloso día volaremos todos juntos y saldremos de la oscuridad en que vivimos ocultos, porque ni siquiera tenemos identidad, obligados a tolerar la discriminación, huyendo de las redadas de las autoridades de inmigraciones, que dejan muchas familias en el abandono, sin padres, angustiados y solos ante tamaña pérdida. Nosotros como padres, nos sentimos humillados e impotentes al ver cómo nos arrancan y nos alejan de los brazos de nuestras familias y hogares.

Y, no conformes con eso, nos expulsan de nuestro trabajo, llegando al extremo de destruir familias enteras. No les importa nada, no se conmueven ante el hecho de que dejamos atrás un hogar, hijos, y una vida hecha. Lo más triste es que estamos pasando una crisis de desempleo, la que a veces nos hace sentir que estamos en un callejón sin salida y que estamos perdiendo la esperanza.

¡Es tan triste la realidad! A ellos no les importa que hayamos quedado en la calle, vulnerables, a merced de cualquier peligro, desamparados y en la miseria. Les da lo mismo que lo padezca una persona sola, o una familia entera. Hombres, mujeres, ancianos o niños, para ellos es igual. Ni siquiera les interesa que vinimos a hacer los trabajos que ellos desdeñan, a servirles, a esforzarnos como ninguno de ellos es capaz de hacer, con tal de tener una humilde casa donde vivir con los nuestros en los Estados Unidos.

Para mí, llegar a los Estados Unidos fue como un sueño hecho realidad. Significó alcanzar lo que hacía tanto tiempo deseaba y después de tantos años de sufrimiento y nostalgias. Una vez que llegamos a la meta, decidimos, con mi esposo comprar una casa, no tanto para nosotros, sino para el futuro de nuestro hijo. Fue tanta la lucha y tan grande el esfuerzo que, cuando en el año 2005 conseguimos tener nuestro propio hogar, no pudimos menos que sentirnos orgullosos de nosotros mismos.

Durante el primer año todo parecía perfecto, pero al siguiente, comenzaron las dificultades. La situación económica y social empeoraba. Las empresas empezaron a despedir personal. Al quedarnos sin empleo, solicitamos ayuda a los bancos, pero éstos nunca escucharon y, menos aún, contemplaron nuestra situación. No teníamos más remedio que perder nuestra propiedad viendo cómo se derrumbaba nuestro futuro y el de nuestro hijo, y cómo todas nuestras ilusiones se perdían junto al dinero que habíamos ahorrado durante años. Al darme cuenta que nos encontrábamos ante una situación límite y que estábamos prácticamente en la ruina, me sentí desesperada. Vendimos hasta el último mueble para poder comer y salir adelante. En el 2007, la situación empeoró. Faltó muy poco para que perdiéramos nuestro hogar. Cuando me di cuenta que mi casa se nos escurría entre los dedos, y aunque sabía que no éramos los únicos que estábamos pasando por la misma situación, sentí que todo se derrumbaba sobre mí.

Es muy duro tener que admitir que fueron nuestros propios hermanos hispanos los que, sin la menor consideración, nos robaron e hicieron añicos sin importarles nada de nada. Es triste tener que reconocer que nosotros somos responsables de situaciones como ésta, cuando, sin consultar entre nosotros y sin cuestionarlos, les damos nuestra confianza y nos ponemos en sus manos, aún a sabiendas que los que parecen ser más inteligentes y hábiles son, por lo general, los más traidores y abusadores con sus propios hermanos a quienes ellos consideran ignorantes, inocentes y miserables, sólo porque tienen pocos recursos y porque tienen un corazón noble, no le quitan al prójimo con engaño lo que no les pertenece y luchan y trabajan muy duro para conseguir lo que tienen.

Yo, *Rosario*, *La Mexicana*, he llegado a comprender por qué la vida me ha dado todo tipo de experiencias, tanto de las buenas, como de las malas. Simplemente porque la vida es así, nos pone a prueba, para comprobar hasta dónde somos capaces de llegar, durante cuánto tiempo somos capaces de luchar sin entregarnos.

Cuando pienso en esos que se aprovechan, reflexiono que vislumbrar el éxito y llegar a la cima parece ser el máximo deseo de esa gente. Su máxima aspiración. Sin embargo, me pregunto: ¿por qué a la cima?

Porque a los que anhelan llegar a la cima sea como sea, no les interesa aprenden en el camino. Porque creen que así no fracasarán y todo les resultará más fácil de conseguir.

Esos, los que se aprovechan de sus semejantes, no trabajan, especulan. Mienten. Engañan y estafan.

No tienen escrúpulos, es cierto. Pero tampoco son fuertes, porque no vivieron suficientes dificultades como para templar su carácter.

No tienen sentimientos nobles, tienen corazón de piedra y apuesto a que ni son capaces de arrodillarse ante Dios, porque creen que ya lo tienen todo y no necesitan nada. Lo único que cuenta, es *estar arriba*.

No sufren necesidades, no pasan hambre ni privaciones, pero a costa del dolor y el llanto de sus semejantes por el daño que ellos les ocasionan.

Cuando los poderosos hacen lo que sea para robarnos y despojarnos de nuestras pertenencias hasta ver que ya no nos queda nada, a los más débiles nos derrumba y nos da un sentimiento de impotencia muy grande, por ver y padecer la injusticia que significa que ellos, en apariencia más fuetes y poderosos, se aprovechen de nosotros porque somos hispanos.

Veo la injusticia, el odio, y la envidia que tienen para con nosotros, los mexicanos. Y también la tristeza, el dolor, la pena, y la angustia que ocasionan a todos los que no tienen más salida que volverse a su patria sin ilusiones y con el mismo sentimiento de fracaso con que llegaron a este país, mientras unos pocos desalmados se llenaron los bolsillos con el dinero conseguido sobre la base de perseguir sueños y de trabajar duro durante años, agachando el lomo y soportándolo todo.

Ellos no saben –y tampoco les interesa– cómo entramos a este país tan grande y poderoso. Ignoran que venimos de tan lejos y con mucho sacrificio, al punto de arriesgar nuestra propia vida, pasando sed, hambre, sintiendo el cansancio día y noche hasta el límite de poner en riesgo la propia vida para cruzar el desierto. No saben y no les interesa cuántos quedaron sepultados debajo de una simple pila de piedras, lejos de su tierra y de sus familias que jamás los van a buscar, porque creen que siguen con vida, y esperan un día tras otro, añorando el regreso del que se fue al gran país de las posibilidades. Duele comprobar cuántos hombres, mujeres y niños dejan su vida en el desierto sin siquiera tener una sepultura que los recuerde.

Cuando se cruza la línea de la frontera americana, sabemos que llegamos a un lugar que no es nuestro país y donde no somos queridos. Siempre lo supimos, sólo que volvemos a intentarlo con tal de llegar a ser partícipes del "sueño americano". Con suerte, algunos lo logramos. Otros, demasiados, pierden hasta la vida en el intento.

Pero una cosa es cruzar la frontera y llegar, y otra muy distinta es vivir cada día en el país de los sueños. Los que logran entrar al territorio de los Estados Unidos, tienen que permanecer mucho tiempo escondidos, esquivando a las autoridades, sin nombre ni identidad, como en la oscuridad y sin poder salir a la luz porque temen que los descubran y, en el mejor de los casos los deporten, regresándolos a su país.

Nos hacen sentir como monstruos, porque es así como nos miran y nos tratan. No saben ni les interesa lo que es el sufrimiento y el dolor que padecemos.

Y es peor cuando los que así nos tratan, son hispanos, como nosotros. No he conocido a ninguno de ellos que lleve en la sangre la nobleza de un Gran Mexicano. No tienen que pasar por lo que nosotros experimentamos a diario. Aunque son hispanos y latinos, como nosotros, por sus venas debe correr sangre envenenada. Sólo saben de traición, maldad y desconsideración con el semejante, a diferencia de los mexicanos hispanos verdaderos, que somos incapaces de quitarle las ilusiones a la gente que llega a este país de los sueños para trabajar con esfuerzo y dignidad.

Pero me he sentido tranquila de saber que hay un Dios en el cielo que es el único capaz de perdonar todo el mal que nos hacemos y provocamos. Él es justo y poderoso, y nos dará la fuerza para luchar contra todo y contra todos. Por eso tenemos que ponernos en pie pese a todo y sacar nuestras fuerzas de nuestros valores, para que los demás sepan que somos fuertes e íntegros. Nuestra fe es lo único que tenemos y lo que nadie puede quitarnos, ni siquiera los mismísimos traidores de sangre hispana.

La traición de otra persona a la que le dimos toda nuestra confianza, duele más que cuando nos despojan de bienes materiales. No es grato descubrir que esa persona en la que creíste, porque demostraba tener cierta cultura, había estudiado, vestía saco y corbata y tenía su oficina propia, termina engañándote. Uno piensa: "Confío en que esta persona me puede ayudar y me dará un crédito para poder tener una casa propia". Pero luego, todo resulta ser una ilusión. De manera hábil y ruin te envuelven a partir de mentiras. Te hacen volar la imaginación con sus palabras y las promesas, para luego dejarte caer en el precipicio de la frustración y el sentimiento de engaño. Y, lo peor, es que no se percibe la caída, pero sí se siente el golpe.

Para salir de situaciones como esa, es necesario recobrar la esperanza. Los mexicanos, somos fuertes y sinceros, y debemos sentirnos orgullosos de nosotros mismos porque, de corazón y con amor, le dimos al país de los sueños muchos de nuestros sentimientos y les entregamos nuestro trabajo y nuestro esfuerzo. Este país nos dio la posibilidad de ser parte del sueño americano y por eso, por momentos, nos sentimos como si fuéramos un poquito de aquí, pero al mismo tiempo sabemos que nos quitó mucho y hasta intentó destruirnos para demostrar su poder. Un poder que, sin embargo, la realidad muestra que no era tal. Porque como podemos leer en los diarios y ver en la televisión, lo que ocurrió, ni ellos se esperaban. El país se destruyó poco a poco, a sí mismo, lastimando a su gente. ¿Qué puede importarle entonces a los "dueños" del poder, quedarse con los bolsillos llenos de nuestro dinero? Si ni siquiera tienen consideración por sus propios ciudadanos, ¿cómo van a respetar lo que nosotros, los mexicanos, podemos proporcionarle?

Sólo les quedó su maldad y la traición que desplegaron con su propia gente y con nosotros. Siempre supe que Dios es grande y justo con todos, y que el daño intencionado al prójimo, se paga muy caro. Y ahora he mirado con mis propios ojos cómo no me he equivocado. Muchos de aquellos que se apropiaron de nuestro dinero y destrozaron nuestras ilusiones hoy están tras las rejas o en la calle, como pretendían en su momento dejarnos a nosotros y a nuestras familias.

Yo, *Rosario, La Mexicana,* me he levantado con mi fe en mi Dios por delante. Todos los días, al despertar, le doy gracias al Señor Dios y le pido que me dé fuerzas a mí y a mi familia y nos provea de salud y vida para salir adelante.

Algún día pensé que todo se había acabado. Pero no fue así, apenas empezaba la pesadilla que a todos los mexicanos, nos tocó vivir y que aún hoy seguimos viviendo. Cada uno de nosotros piensa con su mente y se guía por lo que le dicte el corazón, sin dejarnos influir por nadie, sólo guiados por nuestras convicciones, y nuestra fe, que es la que nos proporciona fuerzas y nos levanta el espíritu.

Ahora me siento una mujer nueva y diferente. ¡Sí! Soy deferente en muchos aspectos, porque ahora estoy más conectada conmigo misma, puedo pensar y trabajar con más energía, dedico más tiempo a mi familia, y hasta tengo proyectos nuevos. Ahora me alimento mejor, cocino en casa y me he dedicado a cuidar mi dieta y mi cuerpo, caminando y haciendo ejercicio, ya que antes tenía sobrepeso por comer sólo comida rápida. Con todos estos cambios me siento mucho mejor y siento como mi fe se ha fortalecido y acrecentado.

¡Sí! El pasado ya quedó atrás y el terror y sufrimiento que padecí también, pero para mí. Porque hay muchas personas todavía que padecen lo mismo que padecimos mi familia y yo.

Era un sueño tener una casa propia y un auto. Lo conseguimos Ahora nuevamente volveremos a soñar y nos sacrificaremos del mismo modo, pero con la frente alta, porque así como nos quitaron toda nuestras ilusiones y despreciaron nuestros sacrificios, se darán cuenta que los mexicanos no se derrumban tan fácilmente. Nos tropezamos y caemos y nos volvemos a levantar con fuerza renovada. Porque a un mexicano con sangre latina no se lo humilla dos veces. Hay que darle el ejemplo a nuestros hijos, para que sepan que la gloria alcanzada, la llevamos en nuestra bandera, y que por eso debemos sentir la satisfacción de que sabemos y podemos luchar por nuestros derechos y, al mismo tiempo, respetar los de los demás. No debemos permitir que nuestros hijos se sientan humillados, como nos hicieron sentir a nosotros en algún momento. Ahora lucharemos por nuestros hijos y sus derechos.

¡La humildad es una virtud tan difícil de alcanzar! Privilegio de pocos, no es posible encontrarla en las tiendas porque no está a la venta y no tiene precio. A veces pienso que es una condición con la que se nace, igual que con el corazón noble y los sentimientos puros que nos impiden hacerle daño a sabiendas a nuestro prójimo, y nos permite ser generosos de espíritu y brindarle ayuda cuando la necesitan.

Hay que enseñarle a nuestros hijos lo que significa la humildad, hacer que tengan fe, inculcarles el amor y los buenos sentimientos, mostrándoles que no sentimos odio ni deseos de venganza por lo que pasamos y nos hicieron. Tenemos que educarlos para que ellos, en el futuro, cuando crezcan y tengan una carrera y una sólida educación, sean nobles, sinceros, honrados y jamás le quieten las ilusiones a su semejante, y eviten lastimar al otro, para no ser lastimados ellos mismos

La vida me ha dado la posibilidad de vivir de nuevo, y creo que es por todo lo que me tocó vivir, por las tristezas y frustraciones que pasé juntos a mi familia, como escuchar que mi hijo me preguntara "¿Adónde está nuestra casa?", en un momento en que nos encontrábamos en la calle, sin dinero y sin trabajo y habiendo perdido todo. Esa sensación terrible de desesperación e impotencia, que con el paso del tiempo provocó en mí malestares, recaídas y enfermedades, hasta el extremo de tener un ataque al corazón por la angustia que nos ocasionaba esa situación. Recuerdo que, mientras estaba convaleciente, mi hermana Leticia vino a verme y me dijo: "Tienes que salir de esta tristeza". Sin embargo, yo no escuchaba sus consejos y no me daba cuenta lo preocupada que ella estaba por mí. Escuchaba a mis sobrinos llorando por verme tan enferma, pero me parecía que no era capaz de hacer nada. Con los días, empecé a recuperarme poco a poco, gracias a las palabras alentadoras de mi hermana y por el hecho de sentir el apoyo incondicional de mi esposo y mi hijo.

Así fue que un día, después de haber pasado casi un mes, me dijo mi esposo, "Rosario, sal de tu angustia, te necesitamos. Ya no queremos que recaigas pensando en lo que perdimos. Olvídalo y piensa que sólo fue una pesadilla. Lo más importante en este momento, es que estamos vivos y fuertes. Somos jóvenes y nuestro hijo esta sano. Como padres, le hacemos mucha falta, debemos pensar en su futuro y empezar de nuevo, darle alegría y no tristezas. Piensa que lo más importante no es lo material, sino la educación que le demos, y para eso ahorraremos para que más adelante la tenga. Si no estamos bien nosotros, el más perjudicado será el niño". Entonces recapacité y me dije a mi misma: "¿Qué hice? ¡Dios mío! No pensé en mi familia, y sólo pensé en mí y en lo que me rodeaba" No vacilé en levantarme de la cama diciéndome: "¡No más! Soy joven y tengo una familia que cuidar. Me volveré a levantar con estas manos fuertes y este corazón."

Hoy me siento segura de mí misma, y de lo que quiero para mí y mi familia. Le doy gracias al Señor Dios que me curó de mi enfermedad que no pasó a mayores, sino que fue sólo un escarmiento. Le doy gracias a mi familia que me acompañó y estuvo a mi lado en todo momento. Eso es lo más valioso. Como la vida, que hay que saber apreciarla, aunque te sientas morir. Ahora soy una mujer nueva.

Siento que empecé a vivir de nuevo.

# TRES SUEÑOS EN MI VIDA

Mi primer sueño a y meta que quiero alcanzar es poder sentirme libre, no tener que esconderme de nadie y ver que algún día todos los mexicanos salgamos de la oscuridad en la que vivimos. La fe es tan grande que, como dicen, la esperanza es lo último que se pierde. Sé que al final triunfaremos y podremos llevar alegría en nuestros corazones y sentirnos en libertad. Pasaremos a ser historia para el sueño americano. Para nosotros, y en especial para mí, hemos triunfado sólo por estar pisando la tierra del país de los sueños.

En segundo lugar, anhelo que algún día valoren todo el sacrificio que hemos hecho y lo que le hemos dado a este país, terminándose así la discriminación hacia nosotros, para poder sentirnos libres aunque estemos en un país ajeno al nuestro. Deseo que no se discrimine a nadie.

Por último, quisiera poder luchar de nuevo y trabajar duro como una Gran Mexicana que creo ser y dar todo de mí, sintiéndome satisfecha de lo que hago, para luego poder escribirlo –lo estoy haciendo–, y vivir lo suficiente para tener mi propia empresa y poder darle trabajo a muchos de los míos, y que ellos se sientan como en su casa mexicana, y no víctimas de la humillación y la discriminación a la que los someten.

Seguiré luchando durante toda mi vida para llegar al último escalón que me queda. Sé que lo lograré y con ansias esperaré el día en que pueda ver realizados todos mis sueños. Y aunque nos pongan trabas y obstáculos para hacernos todo más difícil, un mexicano no se da por vencido porque sabe que nunca podrán con su fuerza y valentía.

*Yo Rosario, La Mexicana* me siento capaz de dar la vida por mi patria y mi bandera mexicana. Tanto es así, que al llegar a mi México, mi nación, mis raíces y a mi gente querida, lloraré de alegría y tristeza a la vez, por haber dejado mi suelo querido. Porque por momentos dejé de lado todo lo que dejé y perdí, porque no siempre supe valorar lo que nuestro México tiene para un mexicano verdadero. Al tocar mi bandera y sentir el calor del hogar, cantaré el himno nacional para sentir cómo mi corazón late de felicidad.

## (Coro):

*Mexicanos, al grito de guerra*
*el acero aprestad y el bridón.*
*Y retiemble en su centro la Tierra,*
*al sonoro rugir del cañón.*
*¡Y retiemble en su centro la Tierra,*
*al sonoro rugir del cañón!*

## Rosario, La Mexicana

### Estrofa I:

*Ciña ¡Oh Patria! tus sienes de oliva*
*de la paz el arcángel divino,*
*que en el cielo tu eterno destino*
*por el dedo de Dios se escribió.*
*Más si osare un extraño enemigo*
*profanar con su planta tu suelo,*
*piensa —¡Oh, Patria querida!— que el cielo*
*un soldado en cada hijo te dio.*

### Estrofa V:

*¡Guerra, guerra sin tregua al que intente*
*de la patria manchar los blasones!*
*¡Guerra, guerra! Los patrios pendones*
*en las olas de sangre empapad.*
*¡Guerra, guerra! En el monte, en el valle*
*los cañones horrísonos truenen,*
*y los ecos sonoros resuenen*
*con las voces de ¡Unión! ¡Libertad!*

### Estrofa VI:

*Antes, patria, que inermes tus hijos*
*bajo el yugo su cuello dobleguen,*
*tus campiñas con sangre se rieguen,*
*sobre sangre se estampe su pie.*

*Y tus templos, palacios y torres*
*se derrumben con hórrido estruendo,*
*y sus ruinas existan diciendo:*
*de mil héroes la patria aquí fue.*

### Estrofa X:

*¡Patria! ¡Patria! Tus hijos te juran*
*exhalar en tus aras su aliento,*
*si el clarín con su bélico acento*
*los convoca a lidiar con valor.*
*¡Para ti las guirnaldas de oliva!*
*¡Un recuerdo para ellos de gloria!*
*¡Un laurel para ti de victoria!*
*¡Un sepulcro para ellos de honor]*

Por mis venas corre sangre de mi tierra. *Rosario, La Mexicana,* les habla con el corazón en la mano, su amiga y servidora, que se siente una Gran Mexicana.

## MIS DESEOS Y MIS SUEÑOS

Yo soy del estado de Michoacán. Soy michoacana, al igual que mi padre. Mi madre es de Jalisco. Somos ocho hijos en total, cuatro varones y cuatro mujeres. De las cuatro hermanas, yo, Rosario, soy la mayor.

Vengo de una familia humilde y de bajos recursos, mi madre lavaba y planchaba para ganar unos pesos y mi padre siempre fue chofer de camiones de carga. Era tan poco el dinero que dejaba el trabajo de mi padre que a veces no teníamos ni para comer, ni vestirnos y mucho menos para darnos una buena educación. Yo estudié hasta segundo de secundaria. Mi sueño era estudiar hasta graduarme y ser luego una gran escritora. Soñaba con comprarle una casa a mi mamá y una lavadora automática, para que no lavara más a mano, ya que las tenía muy arruinadas de tanto trabajar.

Una noche pensé que debía comenzar a trabajar y al día siguiente se lo comenté a mi madre, que me dijo: "¿Cómo crees hija, que vas a trabajar siendo tan pequeña... Nadie te va dar trabajo a esta edad". Y yo, con toda certidumbre, le conteste: "Si mamá, te prometo que si me van a dar trabajo." Ella se rió y, tal como me había dicho, nadie me dio trabajo. Yo me sentía triste, porque sólo deseaba ayudar a mi mamá.

Pasó el tiempo, y al cumplir dieciocho años, me dediqué a trabajar para salir adelante, abandonando mis estudios. Junté un poco de dinero y pensé en mudarme a los Estados Unidos. Y así fue. Cuando se lo comenté a mi mamá, lloró mucho al saber que yo me iría lejos de ella. A pesar de la tristeza que yo también sentía, le dije: "Mamá, no te preocupes, volveré pronto, iré con dos amigas y el padre de una de ellas, que tiene un restaurante en California y me va a dar trabajo".

A los tres días, partí. Yo estaba feliz, porque creía tener un lugar seguro cuando llegara, y que no iba a faltarme nada. Nunca había viajado tan lejos de mi familia. Después de dos días de viaje en autobús, y cuando estábamos casi a medio camino, sentí que me faltaba aire. Mi corazón, comprimido por la nostalgia por estar tan lejos de mis hermanas y mis padres. Tuve la sensación de que jamás volvería a verlos, pero era tan grande mi ilusión, que sentía que todo iba a salir bien.

Pasaron dos días más y al llegar a Tijuana nos instalamos en un hotel. Jamás había visto ni estado en un hotel tan feo. Le pregunté a mi amiga: "¿Por qué este lugar se ve tan mal y huele tan desagradable?" Y me contestó: "Es que aquí van a pasar a buscarnos. Una persona nos llevará hasta California, no te preocupes, Rosario". Pasaron dos días y aquel hombre que nos llevaría hasta California no llegaba. Me sentía cansada, frustrada, y un poco asustada, aunque a mis amigas se las notaba felices. Cada media hora les preguntaba cuándo nos iríamos de ese lugar y ellas me tranquilizaban: "Ya nos marcharemos, ten paciencia y no desesperes" Sin embargo, no podía evitar sentir ese malestar que me impedía dormir y comer. Estaba triste y todo el tiempo recordaba a mi mamá y a mis hermanas y a escondidas me ponía a llorar para que no me vieran.

Un día después llegó el hombre y nos preguntó si estábamos listas. Contesté que sí, que nos marcháramos sin perder tiempo, pero mientras decía esto, mis amigas cruzaron una mirada y se rieron de mi ingenuidad. Nunca imaginé lo que ellas tenían en mente.

Yo confiaba plenamente en mis amigas, de tan inocente que era. Una de ellas me dijo: "Rosario, dame tu dinero para guardarlo, no vaya a ser que te lo quiten en la pasada". Le contesté: "Si, esta bien" y le di el poco dinero que traía. Lo tomaron y luego de guardarlo, se fueron, asegurándome que regresarían al cabo de una hora. Me pidieron que no me fuese de allí porque había policías vigilando. Les dije que no se preocuparan, que no me movería. Pasó toda la tarde y la noche y ellas no volvieron. Empecé a sentir hambre y ya no tenía dinero para comer. Me daba miedo salir del cuarto, así que abrí un poco la ventana para mirar hacia afuera. Había mucha gente extraña, en especial, hombres.

Cuando cayó la noche y me rodeó la oscuridad, me puse a llorar y a rezarle a mi virgen de Guadalupe para que me ayudara y a mi Dios para que no me desamparara.

## La fuerza de una joven mexicana

Al otro día, por la mañana le pregunté a una señora que trabajaba en una oficina si no había visto a las dos muchachas del cuarto treinta. "Una de ellas se llama Margarita", le dije y me contesto: "Sí, ayer por la tarde se fueron y se llevaron sus maletas" Entonces me percaté que la mía tampoco estaba. ¡Se habían llevado mi maleta y me habían dejado sola! Sin dinero y sin maleta. No Podía creerlo, se habían marchado las dos hacia California, dejándome abandonada.

Regresé al cuarto y pensé: "¿Qué voy a hacer Dios mío?" Estaba tan sola, sin saber nada, ni siquiera dónde me encontraba. Sólo sabía que era una ciudad muy grande y con mucha gente totalmente desconocida. Cuando pensé en esto, me pareció que el mundo se me venía encima. Pero Dios es tan grande que no me abandonó en ese momento de desesperación. Me di cuenta que ya no podía estar en ese cuarto tan feo y maloliente. Además, no tenía cómo pagarlo. Por eso tuve que irme, pensando adónde iba a comer y dormir por las noches. Así pasaron los días y me fui a dormir a la azotea del hotel. Como allí ya había otras personas, les pregunté si me dejaban dormir. Fueron muy amables y me respondieron: "Claro que sí, muchacha". Me preguntaron por qué llevaba tan sucia la ropa y les expliqué que las amigas con las que viajaba me habían robado todo. Cuando dije que llevaba dos días sin comer, me ofrecieron café y pan. Me sentí reconfortada a pesar de que mi ropa y mi cuerpo olían muy mal. Estuve sólo tres días en la azotea de ese hotel.

Pasé mucho frió y aprendí qué significa pasar hambre. Pensaba que si mi madre se enterara lo que estaba padeciendo yo, se moriría de angustia y dolor, y por eso es que no le dije nada.

Dos días después, llegaron a buscar a unas personas que también dormían allí para llevarlas a California. Por fortuna, pude irme con ellos, luego de que el hombre que hacía pasar la frontera me preguntara si venía con ellas y yo le contesté que sí.

Caminé dos días sin parar, aunque se me hacía muy arduo y difícil andar tanto en las montañas, altas y peligrosas. Sentía sed y mi cuerpo ya no aguantaba, por eso le pedía al hombre que nos llevaba que por favor parara, que ya no podía más, que si continuaba iba a morirme. Él era tan brusco y grosero que ni siquiera me hacía caso, no le interesaba nada. Pasamos por un lugar con cactos de espinas tan grandes, que llegaron a arrancarme la piel, y me sangraba la cara y las manos. Tenía los pies lastimados de tanto caminar y mis rodillas amoratadas por los golpes. Cuando me cansaba, me arrodillaba uno momento para recuperar fuerzas y miraba mi pantalón todo roto y sucio en las rodillas. Llevaba una semana sin comer y sin beber y sentía que iba a desmayarme.

Por fin, llegamos a una cabaña cuyos dueños eran amigos del hombre que nos guiaba, y paramos a descansar. Ahí pude comer unas galletas, y beber café y agua. Recobré un poco las energías para seguir caminando. Fue como nacer de nuevo. Descansamos unas cuatro horas, y partimos otra vez. Mientras avanzábamos en medio de la noche, uno de los muchachos que iba con nosotros se quebró un pie. Nos dimos cuenta por sus gritos de dolor y sus pedidos de auxilio. Pero el hombre que nos guiaba –un mal hombre, egoísta de corazón–, ignoró la situación. No le interesaba el dolor ajeno. Yo le dije: "Por favor no lo deje aquí, hay que ayudarlo, ¡por favor!", le supliqué. Me contestó que si quería podía quedarme con el herido, pero que ellos continuaban viaje. A pesar de mi insistencia de que no se marcharan, lo hicieron, dejándome con el muchacho que se había quebrado el pie.

Él, pese al dolor, me dijo: "Váyase, yo ya no puedo avanzar, usted sí". Lloraba del dolor, y me sentí tan conmovida que me puse a gritar para pedir ayuda, pero nadie contestó. No había nadie cerca, estaba en el medio del desierto. Pensé que yo también moriría allí, junto a aquél hombre, pero una vez más, Dios no nos abandonó.

Llegó la policía de migraciones. ¡Me alegré tanto! Habían pasado como siete horas desde que me había quedado a hacerle compañía al muchacho y creía que estábamos perdidos. Me sentí muy fuerte. Sabía que mi virgen de Guadalupe no me abandonaba. Estaba allí conmigo y con el hombre del pie quebrado.

Los de migraciones me llevaron detenida, y me encerraron. A él lo enviaron a que lo viera un doctor. Antes de que se lo llevaran, me agradeció el gesto que había tenido con él una y otra vez y me dijo: "Rosario, no te preocupes, vas a pasar a California y te va a ir bien, porque eres una persona de gran corazón, y así como hoy me ayudaste a mí, seguramente alguien te va a dar una mano cuando llegues allá". Le contesté: "¡Dios te oiga!".

No supe nada más de ese hombre.

A pesar de que nos habían rescatado, me acordaba del sujeto que nos había abandonado en el desierto. Me sentía desorientada. Al llegar al sitio destinado para mí, me metieron la sección de inmigración, un cuarto grande, frío, y donde ya había muchas personas que dormían en el piso. Pensé: "¡Dios mío! ¡Dame fuerzas para soportar esto!". Al mirar a esa gente en mi misma condición, me di cuenta que no era la única que sufría.

Luego de unas horas, una mujer que hacía días estaba ahí, me preguntó: "¿De dónde eres, muchacha?" Le contesté que venía de México y quise saber de dónde eran todos los demás. "De todas partes", me respondió.

Pensé que seguramente todas esas personas abrigaban el mismo sueño que yo: el *sueño americano*, y como yo, todos tendrían que pasar muchas barreras antes de llegar adonde querían.

Lo bueno de estar en aquél sitio fue que me dieron de comer y beber un vaso de jugo de naranjas y un emparedado. Me sentía un poco más relajada porque estaba entretenida platicando con una mujer que, igual que yo, había sido detenida. Esa noche no pude dormir bien de tanto pensar por todo lo que estaba pasando y por todo lo que había dejado atrás. La agotadora caminata por el desierto y los peligros que había logrado sortear. ¡Es tan triste saber que se puede llegar a perder la vida por un sueño..!

Al poco tiempo me regresaron para Tijuana, sin dinero y con la ropa que traía puesta que olía peor que antes y estaba toda mojada. Le rogaba a Dios que me ayudara y pensaba qué haría, adónde dormiría… Tuve que volver a ese feo hotel, a la azotea en la que había estado, a la espera de que llegara otra persona dispuesta a llevarme hasta California.

No tuve que esperar demasiado. Llegaron dos hombres que recogieron a todos los que estaban en el hotel, así que me fui con ellos, para intentarlo otra vez.

# HASTA EL FINAL DEL CAMINO

La persona que nos guiaba y que nos llevaría hasta la frontera, nos dijo que pasaríamos por la playa. Sentí miedo porque yo no sabía nadar. No pude evitar temblar y ponerme a llorar. Al verme, el guía me preguntó qué me ocurría, si tenía miedo. Sin darme tiempo a responder, dijo: "No tenga miedo, no le va a pasar nada, tenga fe y esperanzas que todo va a pasar pronto y, si Dios quiere, estaremos en América".

Cuando ese hombre me habló tan seguro de sí mismo, me sentí fuerte. Yo, que hasta entonces pensaba que todos eran iguales, que todos los que hacían de guías eran personas malas, como aquél que me había abandonado en el desierto, me di cuenta que no era así, que este hombre era diferente. Lo supe cuando vi cómo ayudaba a todos los que íbamos con él. Nunca se dirigía a nosotros en malos términos ni nos insultaba y nos permitía descansar cada dos horas. Así fue pasando el tiempo mientras esperábamos que pasara la ronda de la policía de migraciones. Esperamos toda la tarde y toda la noche hasta que los de "migra" cambiaron de turno, entonces nos fuimos corriendo, y aunque nos sentíamos cansados, logramos pasar. Estaba muy agitada por la carrera pero en ese momento no me importaba. No sentía el dolor en el cuerpo ni cómo latía mi corazón. Me sentía feliz y triunfante al saber que ya habíamos pasando la línea, que ya estábamos en los Estados Unidos, porque ya no íbamos a caminar tanto entre montañas y desiertos ni a pasar frió. Parecía tan inalcanzable que pensé que nunca lo iba a lograr. Pero mi Dios y la virgen de Guadalupe estaban ahí conmigo y con todas esas personas que también habían padecido lo mismo que yo para llegar al *sueño americano*. Tenía tanta fe y tanta confianza en mí misma que me repetía una y otra vez que tenía que lograrlo, que tenía que pasar a ese país. Ya no eran simplemente las ganas las que me impulsaban, sino que ahora se había convertido en un reto y en una meta que debía alcanzar. Así fue, lo logré, aunque con mucho esfuerzo, frío, y hambre. Era agradable que luego de descansar y al llegar el día, la brisa de la madrugada, me pegara en la cara. Miraba las estrellas que parecían tan lejanas y a la vez tan cercanas de mí, y sentía que me hablaban diciéndome que no me preocupara, que todo iba a salir bien.

A la otro mañana, muy temprano, el guía nos comunicó que nos llevaría hasta una casa donde nos alimentarían y donde podríamos descansar y dormir por dos días hasta que llegara el momento de pasar a Los Ángeles. Nos dijo también que cuando llegara el otro guía, hablaría con nuestras familias para que pagaran nuestros gastos. Me puse muy tensa y nerviosa. Quería llorar en ese mismo momento pero me aguanté y no dije nada, porque si lo hacía, temía que me regresaran para México otra vez. Me puse orar mientras pensaba qué hacer. Decidí esperar que pasaran los dos días previstos y una vez que las veinte personas que estaban conmigo, se hubieran ido, hablaría con el hombre para decirle que me habían engañado y robado mis supuestas amigas. Sabía que no iba a creerme, pero si era así, prefería ponerme a correr antes de que me devolvieran una vez más a Tijuana, a ese hotelucho horrible, a las interminables caminatas y a la sensación constante de hambre y frío.

Llegó el día que me tocaba pagar cuatrocientos dólares por mi estancia en ese lugar. Era mucho dinero y no tenía a nadie en los Estados Unidos que respondiera por mí. Había mentido. Había dicho que tenía hermanos en California que pagarían mis gastos, pero cuando el guía me preguntó cuál era su número de teléfono, para poder comunicarse, me quedé sin poder hablar. Me sentía morir por dentro. Sentía pena por el señor guía. Al final pude controlarme y hablar con él cuando me preguntó si ocurría algo malo. Le expliqué que la verdad es que no tenía a nadie que respondiera por mí, porque me habían robado todo lo que tenía (por fortuna, la señora de la casa me había regalado algo de ropa). Le pedí que me disculpara por haberle mentido a él y al otro guía porque la verdad era que no podía pagarle esos cuatrocientos dólares. Le conté que había pasado hambre, frío, y que había dormido en la calle casi todo el tiempo o en la azotea del hotel donde me había alojado. El señor me miró a los ojos y se quedó pensando durante cinco minutos. Me tocó la cabeza y me dijo: "¡Qué cabeza tan dura!" Meneó la cabeza y me hizo reflexionar acerca de qué hacía una jovencita tan sola, abandonada y lejos de una familia que seguramente estaba pendiente de mí. El señor me preguntó de dónde provenía. Le contesté que de Michoacán y él me contó que tanto él como su esposa provenían de Nayarita. Me puse a conversar con la señora del guía, la dueña de la casa, una joven que apenas tenía cuatro años más que yo. Era muy bonita y amable. Se llamaba o le decían Ana. Me dijo: "Rosario, yo les doy alojamiento y comida a todas las personas que vienen aquí para luego pasar a Los Ángeles, sin embargo, es mucho trabajo para mí sola, ¿qué te parece si me ayudas?" Inmediatamente le contesté que aceptaba con gusto el ofrecimiento y que estaba muy agradecida por su ayuda. Entonces, empecé a trabajar con la señora Ana.

Un día, después de transcurridos unos meses, la señora Ana me dijo: "Rosario, te vas a ir con mi hermana a San José y ella te va a buscar trabajo allí. Hablé con ella acerca de ti y aceptó que vivieras con ella".

La señora Ana, durante el tiempo que estuve trabajando con ella fue una persona maravillosa y humanitaria. Me hacía sentir como si fuera de su familia, por la forma de tratarme.

Hablé con mi familia y con mi madre, que estaba casi enferma de la preocupación que tenía por mí, de no haber sabido nada de mí en los meses que habían pasado. Al escucharla tan pendiente de mi bienestar, decidí no decirle nada de todo había sufrido hasta llegar a los Estados Unidos. Le dije que había pasado la frontera donde todos pasan con papeles. Le tuve que mentir, porque de lo contrario, ella hubiera enfermado de tristeza y dolor.

Se puso tan feliz de escucharme que lloró de felicidad, al igual que yo. Agradecí al Señor Dios y a mi Virgen de Guadalupe por escuchar a mi madre tan animada, por saber que no había pasado nada malo durante todo ese tiempo que había sufrido en la calle, y por tener ahora una cama calentita con una buena familia que me dio una mano sin cobrarme nada. Estoy agradecida y siempre lo estaré, con aquellos verdaderos señores guías que fueron tan humanos conmigo.

Me he dado cuenta que todavía hay personas buenas y humanas en esta vida. Pero ¡Ay de aquél que obra mal y que ve sufrir y morir a sus semejantes sin hacer nada! ¡Que se libre del castigo de Dios! Pobre del que no comprende que no debemos hacerle daño a nuestro prójimo ni a nosotros mismos. Porque si lo hacemos, estamos dañando a nuestros hermanos. No somos quién para juzgarlos, pero Dios sí, es nuestro juez y Él hará justicia.

# Porqué dejamos
# nuestro México

Somos libres como las águilas y cuando tocamos nuestra tierra para sembrar el maíz nos llenamos de la fuerza de la naturaleza y de ganas de vivir. Somos alegres y disfrutamos mucho de nuestra música mexicana, nuestros bellos paisajes naturales, de las ricas comidas típicas y de nuestra cultura y las costumbres de la gente. Somos muy comunicativos, habladores y bromistas y, al mismo tiempo, tenemos espíritu de esfuerzo y tesón y un corazón noble.

A pesar de estas virtudes y bellezas, la realidad es que hay tanta hambre y pobreza en nuestro país, que aunque estemos en nuestro suelo, no conseguimos trabajo suficiente y no nos alcanza con los pocos pesos que ganamos. Nos sentimos muy mal al ver que nuestros hijos padecen hambre y la imposibilidad de tener una educación. Tenemos la sensación de estar atados de manos cuando nuestros hijos dejan la escuela o cuando los vemos con amigos extraños que no son buenos, por el hecho que nosotros, los padres, no tenemos un trabajo digno que nos permita proporcionales la educación adecuada que ellos se merecen. Nos parte el alma ver cómo nuestros hijos desperdician su vida con la droga, la delincuencia y el alcohol.

Hay una gran cantidad de jovencitas perdidas en la prostitución y de jóvenes desperdiciando sus vidas en las calles porque no les dieron una educación, porque sus padres tenían sólo lo justo para subsistir. Da una profunda tristeza ver tanta juventud perdida a causa de la pobreza que nos quita posibilidades.

Nuestros hijos no merecen pagar por todo lo que nos sucede a los padres, es por eso que tomamos la decisión de luchar y marcharnos lejos, dejando la familia sola. Es tanta la falta de recursos, que se hace necesario trabajar duro para que nuestros hijos tengan una educación, vayan a la escuela y puedan tener la posibilidad de vivir mejor en el futuro.

Luchamos por nuestra familia y por nuestros hijos, y por eso salimos a buscar el *sueño americano*, dejando nuestro México y sin saber qué nos espera afuera, sabiendo que lo único que podemos hacer es tener la valentía necesaria para superar al miedo.

# CIUDAD DE SAN DIEGO

Ahora estoy en San Diego en casa de una familia y trabajando, por el momento, con la señora Ana. En las tardes nos ponemos a platicar de nuestras familias y ella me cuenta que su madre tuvo diez hijos, cuatro varones y seis mujeres. Le cuento acerca de la mía, que somos cuatro y cuatro y yo la mayor de las mujeres, y es en esos momentos cuando recuerdo cómo los extraño a todos y cómo desearía abrazarlos, besarlos y conversar con cada uno y poder reír, jugar y bailar con mis hermanas más pequeñas. Son tan alegres como yo y nos encanta la música. Sé que un día voy a tenerlas conmigo, voy a traerlas a mi lado. Trabajaré duro y con constancia para verlas nuevamente algún día, y así podré estar con mi familia y no separarme jamás de ellos. La señora Ana se dio cuenta de la nostalgia que sentía por los míos y me dijo: "No te preocupes, mi familia te tratará muy bien, también. Cuando vayas con mi hermana conocerás a mis otros hermanos que viven en San José. No te vas a sentir sola, ya lo verás, ellos te van a ayudar porque eres una muchacha muy buena, Rosario". Le agradecí nuevamente esas palabras tan alentadoras.

Al día siguiente por la mañana, me marché a San José –*Ciudad De San José*–, y llegué por la noche. Al descender del bus, llamé por teléfono al número que me habían indicado y me estaba esperando en la central de autobuses la señora Tina para llevarme a su casa. Me saludó de manera muy cordial y me trató muy bien. No pude conocer mucho de esta ciudad, pero por lo poco que vi, es una ciudad grande y bonita.

Pasaron algunos días y yo me sentía rara, triste y nostálgica, porque la pasaba sola todo el día, ya que la señora Tina trabajaba durante el día y yo me quedaba en la casa.

Dos semanas después, una vecina de la señora Tina, se acercó para hablarme y me comentó:

–No te había visto por aquí antes.

–No, es que acabo de llegar aquí, con la señora Tina –le contesté.

–¿Vas a vivir con Tina?

–Sí.

–¿No estás trabajando, verdad? –preguntó.

–No señora, aún no, pero me van a buscar uno.

–¡Oh! Veamos: yo trabajo en un hotel muy bonito que acaba de inaugurarse. Lo acaban de abrir, y yo soy la encargada de la limpieza. ¿No te gustaría trabajar conmigo?

–¡Claro que sí! –Le respondí entusiasmada–. ¿Cuándo empezaría?

–Mañana mismo –me contestó.

–¿Pero quién me llevará hasta allí?

–No te preocupes, yo paso a buscarte mañana a las siete de la tarde, ¿está bien?

–¡Claro! ¡Muchas gracias, señora! Dios se lo va a pagar con salud y más trabajo.

–Yo llegué como tú a este país y al verte, recordé aquellos tiempos, cuando yo era joven, y estaba sola y desamparada, con la única compañía de mi hermano mayor. No me lo agradezcas. Lo hago porque lo siento y me parece justo ayudarte. ¿Cómo te llamas?

–Rosario –le dije–. ¿Y usted?

–Me llamo María.

–Mucho gusto, María y nuevamente gracias.


Dos semanas después ya me había habituado a aquel sitio. Me dieron trece cuartos para limpiar, y debía tenerlos en condiciones en ocho horas. Era mucho trabajo, pero no me importaba porque lo hacía con entusiasmo y alegría. Aprendí a limpiar y aspirar alfombras y a realizar todas las tareas de una casa. Era difícil para mí, pero yo me jactaba de poder hacerlo y de la mejor manera. Esa era mi jornada de todos los días, pero me levantaba todas las mañanas dándole las gracias a Dios por quedarse a mi lado y cruzar en mi camino tan buenas personas.

Yo me sentía muy bien en la casa de la señora Tina, porque ella me trataba como si ella me conociera de mucho tiempo. Era una persona muy amable de corazón. Me llevaba a pasear con ella a todos lados y me hizo conocer las tiendas, donde me compró zapatos, ropa y demás. Yo le preguntaba por qué lo hacía, por qué tenía ese gesto tan amable conmigo. Le decía que no gastara su dinero porque todo lo que me regalaba costaba demasiado dinero.

–No te preocupes Rosario –me contestaba–, todos mis hermanos cooperaron para que te comprara ropa y zapatos, porque nosotros, siempre que alguien llega de México y que necesita ayuda como tú, lo ayudamos a vestirse y calzarse y en especial a ti, que eres recomendada por mi hermana Ana. Ella me dijo que eras una buena muchacha y, la verdad, no se equivocó. Eres muy trabajadora, le ayudaste mucho y se siente muy agradecida contigo.

–No señora Tina, yo soy la que estoy agradecida con la señora Ana, porque tanto usted como ella son unas personas que valen oro, se lo digo de corazón. Gracias por todo lo que están haciendo por mí, nunca lo voy a olvidar. Me siento orgullosa de ser mexicana, porque nosotros los mexicanos nunca dejamos morir ni sufrir a un hermano.

# AMOR A PRIMERA VISTA

Cuando la señora Tina me presentó a sus hermanos sentí gratitud hacia ellos. Porque, sin conocerme, habían colaborado con dinero para comprar mi vestimenta. Los miraba y pensaba: "¡Qué hombres de buen corazón..! Realmente todavía quedan en este mundo personas generosas y buenas".

Eran muy serios, respetuosos y amables. Poco tiempo después, uno de ellos empezó a venir de visita más seguido y, si su hermana lo invitaba a salir, se negaba. No me extrañó esa conducta, porque imaginaba que sus hermanos la visitaban seguido y se sentían cómodos en su casa. Pero un día, la señora Tina me dijo:

—Este hermano mío, que casi no me visitaba y ahora que estás tú, viene cada vez más seguido... —Entonces me puse a pensar si sería cierto lo que ella decía.

Tengo que admitir que a mí también me ocurría algo inusual cada vez que lo veía. Más aún, cuando vi a ese hombre por primera vez, creo que me enamoré de él a primera vista. Y, por lo que me había dicho Ana, a él le ocurría lo mismo. Y aunque seguía tratándome con cierta distancia —me decía "de usted" y nada más me saludaba–, me daba cuenta que me miraba toda vez que podía. Pero pasaban los días y ni el ni yo nos decíamos nada. Éramos muy tímidos para intercambiar palabras que fueran más allá del saludo diario. Pero una tarde llegó, y un momento después se me acercó.

–Oiga Rosario –me dijo–, ¿le gustaría salir a cenar? La invito.

–Y... –vacilé un instante, pero hice lo que sentía, de modo que le respondí–: Sí, Hugo –llamándolo por su nombre.

Así se llama el hombre del que yo estaba enamorada. Me había cautivado su corazón noble y sincero. Me daba cuenta que era así porque cuando lo miraba a los ojos, podía ver en ellos que él también se había enamorado de mí. Y sus ojos no mentían. Cada vez que él me miraba, más me enamoraba de él. Pero por el momento sólo era un intercambio de miradas y sonrisas. Pasaron los días y los meses y la palabra noviazgo no había sido mencionada por él ni una sola vez. Sin embargo un día, me dije: "Si él no me habla de ser novio, entonces voy a hablarle yo". Me llené de valor y esperé a que llegara. Al verlo entrar, lo saludé, y le dije:

–Hugo, quiero hablar contigo.

–Dígame, Rosario.

–No me hables de usted –le pedí–. ¿Tú sientes algo por mí? Contéstame, por favor y quiero que seas honesto en lo que digas.

A medida que le decía esto, me sentía lejos del suelo, como si estuviera flotando entre nubes, y no me importaba lo que ese hombre pensara de mí. Yo, lo único que necesitaba saber, era si me amaba igual que yo a él. Me contestó:

–Si, yo te amo, pero no me animaba a decírtelo porque pensé que te ibas a molestar, que pensarías que yo te estaba faltando el respeto... Eres una muchacha bonita y buena.

Entonces me declaró todo lo que sentía por mí desde que me había visto ese primer día. Y yo me di cuenta que ya tenía a alguien que me amaba de verdad y que me llevaría por siempre en su corazón.

Desde ese entonces ha pasando el tiempo. Ahora es mi compañero y nos queremos tanto que junto a él no me siento sola sino feliz de que todo el infierno por el que tuve que pasar, y todo el sufrimiento que padecí, me fue recompensado con una hermosa familia y un hombre bueno que me ama tanto como yo a él.

Ahora trabajamos juntos. Me fui a trabajar con él. Pasamos juntos la mayor parte del tiempo, todos los días y durante todo el año. Aquel hombre tímido y apocado se esfumó. Ahora es un Hugo feliz y su vida ha cambiado, al igual que la mía. Soy la mujer más feliz del universo, y le doy gracias Dios por todo lo que me ha dado.

Lucharemos y no nos dejemos vencer, porque querer es poder. Buscaremos llegar hasta el fin del camino donde anhelamos alcanzar el sueño americano, en este paraíso de pobres soñadores como yo, su servidora, *Rosario, La Mexicana*.

# LA RESPONSABILIDAD DE SER MADRE

Cuando una madre es responsable de su hijo, se angustia y se preocupa tanto, que en ocasiones es capaz de no comer ni dormir, porque está pensando en él en cada momento de su vida. El amor de un hijo no se compara con nada. Lo llevamos en la sangre, en el corazón, y en las entrañas.

Es tan fuerte este sentimiento, que cuando lo tienes lejos, a veces sientes que falta algo de tu vida y se te encoge el corazón. Es tan triste saber que hay mujeres que no son privilegiadas ni bendecidas con el milagro de dar vida, que no puedes menos que compadecerlas, porque Dios nos da el privilegio de ser madres, y la fuerza y el temple de resistir el dolor de dar a luz, que por un instante es el más fuerte, para compensarnos con la alegría incomparable de dar vida, de transmitir el ancestral mensaje de la vida.

Un hijo es una bendición y un regalo de Dios. Llevar esa vida pequeñita nueve meses dentro del vientre, sentir que se mueve, que de alguna manera misteriosa te pide que le cantes una canción cuando aún está dentro de ti, porque quiere escuchar tu voz, y que después de esos nueve meses de espera, nazca de ti ese retoño, y salga a la luz de la vida, es una de las experiencias más hermosas en la vida de una mujer.

Es tan maravilloso ver a tu hijo tan frágil y tan pequeñito y que no quieres que por nada del mundo le ocurra nada malo y lo cuida y lo arrullas y lo mimas porque ¡se ve tan desprotegido cuando sale al mundo..!

Así es el amor de una madre. Es fuerte y a la vez sensible. Es un don que Dios nos dio y no se puede comparar con nada, con ninguna otra experiencia. Cada vez que miro a mi hijo, siento la inmensa felicidad al verlo crecer, y al mismo tiempo me siento un poco egoísta, porque a veces quisiera que no crezca, que sea para siempre el bebé que fue, para tenerlo en mis brazos, acariciarlo y protegerlo. Pero sé que no es posible ni justo. Por eso, con cada pequeña señal de crecimiento, como la caída de un diente o tener que comprar una talla más en su ropa, me siento feliz.

Mi hijo es tan vivaz y gracioso, que inmediatamente que pierde un diente de leche, se lo lleva para dárselo a su ratón, y que éste le traiga otro nuevo. Es tan alegre y tiene una chispa tan especial, que cuando conversa con sus amiguitos, escucho cómo los hace reír y cantar. Él es amable, cariñoso y sensible. Le gusta pintar, hacer experimentos y dibujar. Es un niño muy inteligente. Me siento orgullosa de mi hijo Hugo. Él es la más poderosa razón de mi existencia. Cuando converso con él, siento una dicha muy especial y lo observo cuando me mira y me escucha con esos ojos curiosos que tiene.

Hablamos acerca de sus juegos, de cómo fue su día o qué cosas nuevas aprendió en su clase del día y con su maestra.

Un día me dijo: "Mamá, si yo volviera a nacer, pediría la misma mamá y el mismo papá porque son los mejores padres del mundo".

Cuando me dijo eso, me conmovió hasta las lágrimas. Por un lado, me sentí orgullosa y feliz como madre, por tener un hijo dueño de esos sentimientos. Por el otro, durante días, cada vez que recordaba lo que me había expresado, no podía evitar llorar, pero no de pena sino de felicidad, por el hecho de que mi hijo me hubiera dicho algo tan tierno y bonito.

He aprendido que cada día que pasa hay que saber apreciar más el amor de un hijo y enseñarle acerca de los valores que debe conservar para ser un mejor ser humano y de la lucha y los sacrificios que son parte de la vida, para que cuando llegue el momento esté preparado y sepa cómo enfrentarlos. Él mismo, siendo tan pequeño, me ha enseñado tantas cosas, que nunca imaginé que ser madre fuera tan hermoso y gratificante.

Creo que lo más importante es saber educarlos y ayudarlos para que estudien, se superen y consigan lo que una no pudo y lleguen a graduarse en una carrera. Pero, lo más importante para mí, es que creo que hay que darles mucho amor, apoyarlos para que crezcan sanos de cuerpo, firmes de carácter y nobles de corazón. Como padres, debemos sentirnos orgullosos de nuestros hijos.

# PADRES FRUSTRADOS

A veces los padres nos comportamos de manera agresiva con nuestro entorno y sentimos la necesidad de manipular al que está cerca. A menudo, también a nuestros hijos. El padre piensa que puede imponerse alzando la voz y que el niño sólo va a escuchar y obedecer, pero no es así. Es posible que el niño, por temor, quizás haga lo que se le ordena. Pero, a continuación, pasan a ignorarnos. Y cuando un padre se siente ignorado por su propio hijo, se frustra aún más y lo ataca, alimentando así el círculo vicioso de agresividad que, en definitiva nos trae las peores consecuencias a nosotros mismos.

Eso ocurre porque, a veces, no sabemos cómo guiar a nuestros hijos. Estamos ciegos ante la desesperación que nos causan nuestros propios problemas del hogar o en el trabajo y que nos parecen tan grandes, que muchas veces descargamos nuestra frustración en nuestros hijos, sin darnos cuenta del daño que les hacemos.

Cuando el niño se siente dañado, se comporta de una manera diferente e incorrecta. ¿Cómo? Si le hablas te ignora, se transforma de dócil a rebelde. Si es dulce y tierno, se torna hosco y agresivo. Se le da por decir malas palabras, ya no habla con sus padres y muestra a las claras que no es un niño feliz. Cuando un padre o una madre actúan de forma agresiva, como si todo le molestara, por lo general es porque ese hombre o esa mujer fueron maltratados verbal, moral o físicamente y sin muestras de cariño en su infancia.

El niño que es maltratado tanto física o psíquicamente, incuba un trauma que quedará ahí para siempre. Llevará durante su vida ese maltrato consigo, sin darse cuenta que ha enfermado y padece *desamor*.

Cuando un padre no permite que su hijo viva su etapa de infancia y disfrute de su niñez, le hace un daño muy grande. Quien hace trabajar desde pequeño a un niño, en lugar dejarle disfrutar del juego, no le permite desplegar su creatividad, lo inhibe de desenvolverse por sí solo y le impide desarrollar la confianza en sus capacidades. Así, diría que los obligan a crecer inseguros y con muchos miedos. De esta manera, el niño se va frustrando poco a poco, creyendo que la vida es como la que le enseñaron sus padres: fría, dura, difícil, calculadora y que con los hijos hay que ser rígido, fuerte, y exigente. Algunos padres piensan que si no se comportan de esta manera, el niño va a ir por el mal camino.

Creen que, para hacerlo fuerte, el pequeño tiene que trabajar duro para ganar dinero y llevarlo a su casa, porque tiene que aprender que en la vida todo cuesta mucho. No se dan cuenta que lo están obligando a tener que comportarse como un hombre adulto, asumiendo responsabilidades desmesuradas que no son propias de su edad y exponiéndose a grandes peligros.

Al padre frustrado no le interesa si el niño quiere jugar fútbol o ir con sus amiguitos a divertirse. No lo considera importante. Quiere que su hijo aprenda de la experiencia cuánto cuesta vivir cómo hay que trabajar para llevar el alimento a la casa. De este modo es como va manipulándolo.

Todo esto sucede hasta que el niño se casa, forma una familia y la generación siguiente continúa repitiendo la misma historia, haciéndoles daño a sus hijos. Porque los padres frustrados ignoran que esto ocurrirá, nunca recibieron orientación ni ayuda sobre cómo criar a sus hijos y si alguien intenta exponer su punto de vista, o les aconseja buscar ayuda e información, se molestan o simplemente no hacen caso.

Un padre de estas características, cuando le sugieren visitar al psicólogo responde: "¿A un psicólogo? ¿Para qué? ¡Yo no estoy loco!".

Y contesta esto porque no sabe que la ayuda no es para los locos sino para darle un alivio a nuestra psique y buscar curar esos traumas que traban nuestras acciones, nuestra mente y nuestro espíritu. Esto es necesario para proteger a nuestros hijos, para que no sean iguales que nosotros, para que no lleven traumas en el futuro. Es necesario para llevarlos por un camino de amor, comprensión y respeto brindándoles todo nuestro apoyo durante su niñez y adolescencia. Es necesario *amarlos bien*, respetándolos y confiando en ellos para recibir nosotros el mismo trato de parte de ellos: confianza y respeto.

Debemos guiarlos por camino correcto para evitar que tropiecen en la vida y que se sientan libres de tomar sus decisiones con responsabilidad, para poder sacar así todas sus capacidades y habilidades sin guardárselas o desaprovecharlas.

Un adolescente es un jovencito que tiene tantas energías, ganas y virtudes que muchas veces no manifiesta y es por eso que, como padres, debemos alentarlos, darles amor y enseñarles a tener actitudes firmes. Cuando el niño o adolescente es inquieto, es porque tiene muchas ansias y energías que está utilizando mal. Pero no nos damos cuenta de esto y nos dedicamos a nuestras cosas, con lo que dejamos de percibir lo que les sucede a nuestros hijos y, con el tiempo, nos olvidamos de ellos.

No olvidemos que los niños no aprenden de lo que los padres *dicen*, sino de lo que los padres *hacen*. Por eso, cuando nosotros predicamos con el ejemplo y somos positivos, ellos serán igualmente positivos y seguros de sí y se comportarán de esta manera donde quiera que estén: en casa, en la escuela, con sus amigos y maestros. Un niño sano, comparte con sus padres. Llega a su casa y habla con sus padres, les cuenta lo que vivió y lo que hizo en la escuela. Tienen confianza en sus padres, a los que considera sabios, inteligentes y cariñosos, y entonces el hogar será alegre, con buena energía, porque no existirán traumas, ni dolores o tristezas que pueden transformarse en rencor, sólo amor y comprensión.

En los hogares formados por padres que aprenden y saben cómo educar a sus hijos, la consecuencia es que los niños crecerán sanos y fuertes de cuerpo y mente, sin desarrollar vicios ni malas costumbres.

Los niños son una bendición de Dios, y no un sacrificio. Dios nos da a nuestros hijos y nosotros, como padres, tenemos que aceptarlos, porque tenerlos a nuestro lado es maravilloso, aunque a veces no sabemos valorarlo. Hay padres que aman a sus hijos pero que de un día para otro, Dios decide llevárselos. Es tanta la tristeza que se siente y tanto lo que se sufre, que uno estaría dispuesto a dar la vida por volver el tiempo atrás.

Pero la vida, a menudo, es cruel... Así como nos da a nuestros hijos, también es capaz de quitárnoslos. A veces creo que, en definitiva, los hijos son prestados. Nos los entregan en custodia por un tiempo. Por eso, cuando un hijo llega al mundo tenemos que desarrollarlo, educarlo y enseñarle los valores como persona hasta que sea un hombre hecho y derecho, fuerte y sano. Hay que mostrarles cuál es el camino recto y enseñarles el respeto hacia él mismo y hacia los demás, y a ser honestos y sinceros. Al final del camino, este hijo estará muy agradecido con sus padres por haberle enseñado tantos valores y una conducta sana para su vida y se sentirá orgulloso de tenerlos. Los llevará por siempre en su corazón.

La frustración no deja nada bueno, sólo deja cicatrices en el alma y dolor en el corazón.

# LAS DOS CARAS DE UN JEFE

Cuando una mujer joven llega a un país tan grande como éste, se siente perdida e impotente porque no sabe qué hacer, ya que es un lugar muy diferente a su país. Cuando en México una persona pide trabajo, si está disponible, se lo dan y si el empleo es para alguien conocido o amigo, con más razón, aunque uno no sepa hacerlo del todo bien. Así es mi tierra soberana y libre.

Pero cuando eres una mujer inmigrante, que provienes de tan lejos buscando una vida mejor o buscando salir de una situación de pobreza y sufrimiento, no recibes el mismo trato. Las mujeres que llegamos a los Estados Unidos lo hacemos porque queremos trabajar, salir adelante e independizarnos. Nuestro mayor anhelo es conseguir un buen empleo, y luego comprar una casa y un auto propios. Queremos sentir que los dólares que tenemos en la mano luego de haber trabajado duro, nos lo ganamos.

Es fácil imaginarlo y no tan fácil esforzarse por ver esos anhelos realizados. Pero no es tan fácil materializarlos, aunque a veces creemos que podemos conseguir todo con facilidad. La realidad nos muestra que antes de alcanzar lo que deseamos, tendremos que sortear muchos obstáculos, superar infinidad de dificultades y hacer muchos sacrificios.

Una mujer jamás imagina los peligros que puede correr aquí, si sólo se limita a soñar. ¿Por qué? Porque ignora que en un país, cuando se es inmigrante hay muchas reglas que se desconocen.

También hay derechos, además de deberes, es cierto. Pero la mayoría de los inmigrantes los desconocemos. Creemos que, de la noche a la mañana, conseguiremos aquél trabajo con el que soñamos, y que después de un tiempo, una vez que hayamos hecho el suficiente dinero, podremos regresar a nuestra patria, como era nuestra intención inicial.

Pero la realidad del inmigrante en general y de la mujer inmigrante en especial, es muy diferente, nos guste o no.

# LA MUJER JOVEN

Cuando una mujer joven llega a una compañía a pedir trabajo, lo primero que ve y que le sorprende es tanta gente, hombres con traje negro y corbata y mujeres muy bien vestidas y arregladas. La llaman para su entrevista y la hacen pasar a la oficina del jefe. Éste la observa mientras le hace preguntas y la mujer joven y con poca o ninguna experiencia, se siente asustada y tensa ante tantas cosas nuevas y extrañas.

Cuando al final le dan el empleo, le imponen ciertas condiciones y la ponen al tanto de sus obligaciones, pero no le mencionan que, como empleada, también tiene derechos. Sólo le hacen saber cuáles son las reglas. A la joven tampoco se le cruza por la cabeza pedir que le expliquen cuáles son sus derechos, porque ignora que existen.

Así empieza a trabajar, feliz de estar ocupada y pensando en que va a ganar dinero para comprarse ropa, zapatos y todo lo que deseaba. Hasta ahí, todo parece muy sencillo y bonito.

Tres meses después, la mujer continúa trabajando duro y se siente satisfecha. Un día llega por la mañana el jefe y le comenta que se ve muy bien ese día. Ella se siente sorprendida por el cumplido, pero no le hace caso. Al día siguiente, una escena similar: su jefe no deja de mirarla y ella siente esa mirada clavada en su cuerpo, como si la estuviera desvistiendo.

A continuación el jefe empieza a hablarle a su casa por teléfono y a acosarla constantemente. La mujer joven ya no se siente a gusto en el trabajo. Se siente acorralada, observada, acosada. No obstante, piensa que si renuncia y se va de ese trabajo, ya no tendrá el dinero para pagar sus gastos y la renta de lugar donde vive. Decide ignorar la conducta de su superior y todo lo que escucha de él. Pero se le hace imposible, ya que cada vez que ella se encuentra a solas, su jefe trata de tocarla, de acariciar su cabello y de preguntarle cuál es el perfume que usa, o decirle que huele muy rico y que él quisiera tener ese aroma en su cama. La mujer joven, tímida y temerosa, sigue sin decir nada, rehuyendo a su jefe toda vez que puede.

Con el tiempo, la cosa empieza a ponerse cada vez peor. El hombre trata de tocarla o besarla y hasta hay algunos que van más lejos, buscando directamente abusar sexualmente de ella a la fuerza. ¿Qué puede hacer la joven? Empujar al hombre, sacárselo de encima y gritar. Pedir ayuda. Pero él le dirá, riéndose, que es inútil, que nadie le creerá si cuenta lo que ocurre. Hasta es capaz de decirle: "Ahora, ya no te necesito, así que te voy a echar del trabajo". Quizás alguna mujer digna, al escuchar estas palabras del jefe perverso y manipulador, será capaz de levantar la vista, mirarlo a los ojos y contestarle, con coraje: "Hombres como usted son cobardes. Sólo se aprovechan y abusan de una mujer porque creen tener el poder de hacer todo lo que quieran con ella. Hombres como usted no se merecen nada. Cómo quisiera ser hombre en este momento para que sintieras mis puños en tu cara cochina y en tu corazón negro".

Quizás haya quien crea que esto que cuento es una exageración. Tal vez no me crean si les contara cuántos abusos y cuánta discriminación, de los que fui víctima, tuve que aguantar. Pero lo que yo sí creo, es que existe justicia para castigar a todos aquellos jefes que abusan de las mujeres que tienen a su cargo.

Esos que sólo porque son jefes, creen que pueden hacer lo que les dé la gana cada vez que lo deseen y les plazca. Hombres que se aprovechan de la situación sólo porque tienen de empleada a una mujer sola, o porque es inmigrante y no conoce sus derechos. Si es que se los puede llamar hombres, claro. En mi manera de ver las cosas sólo son seres despreciables, abusadores, despiadados, sin corazón y sin sentimientos.

¿Qué hace la mujer joven abusada? Deja su trabajo, pero no sin antes reportar el abuso sufrido por parte de su jefe para que se haga lo que corresponde con él, para que ya no le sea posible hacer más daño a otra joven.

Claro que después de lo sucedido, ella aprendió. Por eso, cuando va a solicitar un nuevo trabajo, pide que se le explique cuáles son sus derechos. Ella aprendió que ante un caso de abuso sexual, hay que denunciarlo inmediatamente y no quedarse callada y dejar que le falten el respeto. Lo merece por su condición de mujer y de empleada que va a cumplir con su trabajo.

Es triste, pero hay infinidad de casos como éste. Y la decepción más grande ante estas situaciones, es la de comprobar que gran parte de esos jefes abusadores son hispanos y que al hacer esto, no sienten pena ni dolor, y no tienen sentimientos ni conciencia del daño que le hacen a su propia gente. Porque se consideran "superiores", y creen tener el poder de humillar a una mujer y a faltarle el respeto. Lo que a ellos les falta es hombría, valores, cultura y educación.

Como mujer, me he dado cuenta que tenemos valores suficientes para estar en este país. La justicia existe para todos, y las mujeres no debemos sentirnos acobardadas ni inhibidas al momento de reportar un abuso sexual, pensando que no van a creernos, que se van a reír de nosotras o que van a despedirnos de nuestro trabajo. No hay que pensar que si lo contamos a alguien más, nos van a ignorar, porque esto provoca frustración y hace que tengamos la sensación de que nuestro honor y dignidad no valen nada.

Aunque el miedo es un enemigo poderoso, hay que saber decir "¡Basta!" y denunciar este tipo de situaciones. No hay que darles la menor oportunidad de que nos falten el respeto esos abusadores sexuales que parecen ignorar que, como a todos, quien nos dio la vida fue una mujer.

# TODAVÍA EXISTEN ÁNGELES

Les voy a contar una historia que me sucedió en mi trabajo. Me dedico a limpiar oficinas desde hace diez años y en la misma compañía. Soy una mujer trabajadora y hago mi labor con responsabilidad y con orgullo por estar aquí desde hace tanto tiempo. Trabajo siete horas: de cinco de la tarde a doce de la noche.

Un día, mi hijo de diez años me preguntó: "Mamá, ¿algún día podrías comprarme una computadora? Ese es mi sueño..." Le contesté que haría todo lo posible para poder comprársela y vi su sonrisa de felicidad cuando me dijo: "Gracias, mamá".

Pasó el tiempo y yo seguí con mi trabajo, como todos los días. Un día descubrí que la oficina que limpiaba tenía computadoras que los dueños ya no pensaban usar. Estaban por donarlas a alguien que las necesitara. Me quedé pensando una semana en la posibilidad de pedirles una para mi hijo. Sería maravilloso para él ver su sueño hecho realidad. Como madre no pude esperar mucho tiempo y a los pocos días le comenté a una mujer que hablaba español y que siempre me saludaba, si ella creía que sería posible que me dieran una de esas computadoras para mi hijo, puesto que ya no las usaban. Ella, siempre de tan buen corazón, me miró a los ojos y me dijo: "No te preocupes, veré que puedo hacer por ti y tu hijo". Y así fue. La generosa mujer, buscando ayudarme, les mandó un e-mail a todos los trabajadores. Lo que no imaginé fue que no iba a pedirla a los dueños de la empresa.

Jamás pensé que ella, con la ayuda de todos, iba a colaborar para comprarme una computadora. ¡Fue tan noble ese gesto de solidaridad..! Cuando lo propuso al personal, sólo una mujer se negó a cooperar. Las restantes doscientas personas dijeron que sí, que iban a ayudar para que la empleada que limpiaba las oficinas, tuviera la computadora para su hijo. Nunca hubiera imaginado que el comentario que le hice a esa mujer, la hubiera motivado a llevar a cabo semejante acto de generosidad.

La que no cooperó, sin embargo, no se limitó a decir que no. Fue tan cruel que habló con la jefa de la mujer que me había ayudado. La jefa, al enterarse de lo que había hecho su empleada, la empezó a increpar, casi a los gritos, diciéndole que lo que había hecho no estaba permitido, y estaba fuera de las reglas del lugar.

La mujer de corazón noble se sintió tan mal ante la humillación, que las lágrimas rodaban por sus mejillas. Ella nunca hubiera creído que la mujer que no cooperó iba a hacer tanto daño. Tenía tanto odio y envidia que en su mirada se notaba el rencor y la discriminación que sentía por la buena mujer y por mí, sólo porque yo no era más que la mujer de la limpieza.

Para peor, aquello no quedó terminó ahí. También llamaron a mi jefe por teléfono, diciéndole que la mujer que limpiaba oficinas necesitaba una computadora y que entre todos estaban juntando dinero para regalármela. Mi jefe no pasó esto por alto. Me mandó llamar y empezó a preguntarme, gritándome, por qué razón había pedido que me donaran una computadora. Me avergonzó diciendo que en su compañía nunca había visto nada semejante. Con timidez le pregunté cuál era el mal que había hecho al preguntar si sería posible que me dieran una computadora que nadie usaba, para mi hijo. Le dije que no le había quitado nada a nadie y que tampoco había robado, que no era justo que me hablara así y que aún no comprendía que daño había hecho.

Mi jefe estaba tan molesto que aunque me conocía desde hacía diez años, me discriminó igual que la mujer que le había avisado. Se fue hasta su oficina y volvió con el reglamento en la mano y me dijo: "Rosario, estudia las reglas de la compañía, porque lo que tu hiciste es pedir donaciones para ti y para tu hijo y eso no está permitido. Las reglas son así".

Cuando supe que la mujer que había causado todo el problema era hispana como yo, me dolió aún más. Cómo podía ser que, siendo de sangre hispana como yo, fuera tan cruel y de mal corazón. Que la mezquindad de la discriminación le corriera por las venas, igual que a mi jefe. Él llegó a este país, a los Estados Unidos, de la misma manera que yo: como ilegal. Y aún sigue teniendo la misma condición, porque este no es su país. Y aunque su patria es México, él se siente americano, y reniega de sus orígenes y de su gente.

Pasó una semana. Un día la mujer de noble corazón me llamó aparte.

—Rosario —me dijo—, no se preocupe que yo le voy a conseguir su encargo.

—Me siento muy mal por usted —le contesté—, por lo que pasó con su jefa. Nunca imaginé que usted iba a tener un problema por mi culpa. Y aunque me siento triste, a la vez muy contenta de saber que todavía hay personas buenas en este mundo, ángeles como usted. Dios la bajó del cielo. Gracias por ser tan buena mujer, que Dios la bendiga.

—No es nada —respondió ella—, yo quiero ayudarla porque me nace, porque usted es buena persona y su hijo necesita una computadora.

Me puse a llorar por felicidad, porque sabía qué feliz se iba a poner mi hijo cuando le diera la noticia de que ya iba a tener su computadora. Abracé a esa buena mujer y no paraba de darle las gracias.

—Rosario —me dijo en voz baja—, esta computadora es personal, no de oficina, ¿de acuerdo?

No supe qué decirle. Mi hijo tiene su computadora en casa, le ha facilitado su tarea escolar, y yo estoy aprendiendo a usarla. Le doy gracias a Dios por hacer que existan personas de tan buen corazón, que uno llega a tener la certeza de que los ángeles, existen.

# EL PODER DE SER DISCRIMINADA

Ahora mi patrón dejó de hablarme y ante cualquier cosa que necesite comunicarme, me lo hace saber con el supervisor, porque no tiene el coraje suficiente para mirarme a los ojos. Ahora lo que quiere hacer es despedirme, usando cualquier excusa y porque se sintió humillado, y su reputación como jefe, cayó, desde el incidente de la computadora.

Me siento triste de que exista tanta discriminación y tanta injusticia con nosotros, los trabajadores. No es justo que cuando pones todo tu esfuerzo, tu pulmón y lo mejor de ti, nada más te respondan con una bofetada y dejándote en la calle, sabiendo que nunca valoraron tu empeño y el trabajo de años. Más aún: te das cuenta que por momentos te roban, te humillan y te discriminan y que mientras haces tu trabajo sin reclamar nada ellos, como patrones, te hablan y te tratan muy bien, pero cuando le solicitas un aumento o un permiso, no te miran a los ojos y sólo te responden: "Veré qué puedo hacer por ti". Y lo que hacemos es levantarnos de la silla frente al jefe, inclinar la cabeza y salir de la oficina, diciendo lo que él quiere escuchar: "Sí, patrón".

Pero no es así. Nosotros, los trabajadores, también tenemos nuestras reglas en la mano y existen derechos a nuestro favor que ellos deben respetar, aunque –y es lamentable–, no lo hacen. Por eso estamos para recordárselos:

1. Que no nos humillen más.
2. Que no nos discriminen más.
3. Que no nos falten más el respeto.
4. Que no nos roben el producto de nuestro trabajo.

No debemos quedarnos callados. Tenemos que enfrentarlos, mirarlos directamente a los ojos, hablándoles con serenidad, pero con firmeza. No permitamos que nos exploten más.

Se aprovechan porque saben que somos inmigrantes, considerados ilegales y que no tenemos un documento que nos identifique. Esa es la razón de tanta injusticia hacia nosotros, los mexicanos.

Por esta razón los que se aprovechan creen que no podemos reclamar nuestros derechos y debemos callar y no actuar en su contra. Pero aunque seamos mexicanos ilegales en un país que no es el nuestro, debemos darnos cuenta que existe justicia.

La de los hombres, a veces se nos presenta adversa.

Pero la justicia más poderosa es la de Dios y de ella nadie se escapa, porque ante Él, somos todos iguales: del polvo venimos y en polvo nos convertiremos.

# AGRADECIMIENTOS

Quiero expresar mi gratitud de manera especial a mi editor literario de la República Argentina, don Luis Videla, por todo el aliento y la ayuda que me brindó desde el primer día, para hacer realidad éste anhelo de publicar mi primer libro, con el que soñaba hace tanto, tanto tiempo.

Porque ha sido cortés, amable, paciente y generoso conmigo, poniendo a mi disposición toda su experiencia y conocimientos en la edición, y porque se dedicó con seriedad, profesionalismo, eficiencia y cariño a ordenarlo, editarlo, producirlo y supervisar su impresión, así como por su invalorable ayuda para la ilustración de la cubierta de esta obra.

A Dios, que nunca me abandonó, y a ése Ángel de la Guardia que envió para protegerme, y siempre cuidó de mí, en los momentos más difíciles de mi vida.

ROSARIO AGUILERA MENDOZA
California, junio de 2009

# ÍNDICE

UNA PARTE DE VIDA ....................................................................7

TRISTEZA Y SOLEDAD ...............................................................13

EL SUEÑO AMERICANO ..............................................................15

SÓLO LO DISFRUTA EL MEXICANO ...........................................19

LA DISCRIMINACIÓN .................................................................25

ROSARIO, LA MEXICANA ...........................................................31

TRES SUEÑOS EN MI VIDA .........................................................45

MIS DESEOS Y MIS SUEÑOS ........................................................49

LA FUERZA DE UNA JOVEN MEXICANA .....................................53

HASTA EL FINAL DEL CAMINO ...................................................59

PORQUÉ DEJAMOS NUESTRO MÉXICO ......................................65

CIUDAD DE SAN DIEGO .............................................................67

AMOR A PRIMERA VISTA ............................................................71

LA RESPONSABILIDAD DE SER MADRE .......................................75

PADRES FRUSTRADOS .................................................................79

LAS DOS CARAS DE UN JEFE ......................................................85

LA MUJER JOVEN .......................................................................87

TODAVÍA EXISTEN ÁNGELES ......................................................91

EL PODER DE SER DISCRIMINADA ..............................................95

AGRADECIMIENTOS ...................................................................97